这本书叫什么名字?

德古拉之谜和其他逻辑谜题

What is the name of this book?

[美]
雷蒙德·梅里尔·斯缪利安
——— 著
赵阳
——— 译

新星出版社　NEW STAR PRESS

献给
琳达·韦策尔和约瑟夫·比万多,
他们两人的明智建议无比珍贵。

致谢

首先,我要感谢我的朋友罗伯特·考恩和伊尔丝·考恩以及他们的十岁女儿莱诺拉,他们一起读完了这份手稿,并给了我很多有助益的建议(顺便提一句,莱诺拉一直怀疑本书第四章关键问题的答案是否真实,她还揣测:叮当哥是真的存在,还是他只是蛋头先生虚构的?)。

我很感谢格里尔·费廷和梅尔文·费廷(他们是精妙又实用书籍《赞美简单事物》的作者),他们充满善意地关注到我的作品,并将它介绍给了普伦蒂斯·霍尔出版公司的奥斯卡·科利尔。我还要感谢梅尔文出现在这本书中(由此反驳了我证明他不可能出现的证据)。

与奥斯卡·科利尔和普伦蒂斯·霍尔出版公司的其他人一起工作,是很愉快的事情。对我手稿进行首次编辑的伊莱恩·麦格拉思夫人提出了许多建议,我十分感激并一一采纳。我要感谢多萝西·拉赫曼,她非常专业地处理好了出版方面的诸多细节问题。

我想再次感谢之前献词中的两人——约瑟夫·比万多和琳达·韦策尔,他们从本书尚在雏形时就全身心地投入其中。

爱妻布兰奇帮我解决了很多难题。我希望这本书能够让她做出决断,她嫁给的到底是一位骑士,还是一个流氓?

目 录

第一部分 逻辑趣事
一、被愚弄了吗? ———————————————— 3
二、谜题和小把戏 ———————————————— 8
三、骑士与流氓 ———————————————— 23
四、在遗忘森林的爱丽丝 ———————————————— 42

第二部分 鲍西娅的匣子和其他奥秘
五、鲍西娅匣子的奥秘 ———————————————— 63
六、来自克雷格探长的案件 ———————————————— 77
七、怎样避开狼人以及其他实用建议 ———————————————— 94
八、逻辑谜题 ———————————————— 112
九、贝里尼还是切里尼? ———————————————— 134

第三部分 奇异传说

十、巴尔岛 *151*
十一、僵尸岛 *166*
十二、德古拉还活着吗? *176*

第四部分 逻辑是神奇美妙的事情

十三、逻辑和生活 *203*
十四、如何证明任何事? *222*
十五、从悖论到真理 *237*
十六、哥德尔的发现 *251*

第一部分
逻辑趣事

一、被愚弄了吗?

1. 我被愚弄了吗?

我最开始接触逻辑学是在六岁。

事情是这样的:在1925年的4月1日,因为流感或普通感冒或其他疾病,我卧病在床。那天早上,哥哥埃米尔(比我大十岁)走进卧室,对我说:"那个,雷蒙德,今天是愚人节哦,我会愚弄你,我敢保证你从来没有被这么愚弄过!"一整天,我都在等他来耍我,但他没有。那天夜里很晚时,妈妈问我:"你为什么不睡觉?"我回答说:"我在等埃米尔愚弄我。"妈妈转头对埃米尔说:"埃米尔,请你赶紧愚弄一下这孩子吧!"然后,埃米尔转向我,说出以下对话:

埃米尔:所以,你一直在等我愚弄你,对不对?

雷蒙德:是呀。

埃米尔:但我没有,是不?

雷蒙德:你是没有。

埃米尔:但你期待我愚弄你,不是吗?

雷蒙德:是。

埃米尔：所以，我还算是愚弄你了呀，不是吗？

呃，记得那天熄灯后，我躺在床上久久不眠，脑袋里还在怀疑自己是否真的被愚弄了。一方面，如果我没有被愚弄，但我没有得到我期待的事情，因此我是被愚弄了（这也是埃米尔的观点）；不过基于同样的理由，也可以这样说，如果我被愚弄了，而我得到了我期待的事情，那么，我被愚弄这件事又无从谈起。所以，我到底是被愚弄了还是没有？

我现在不想解释这一谜题，在本书后文中我们将多次回到这一问题和其他问题。这个小谜题蕴含了一条微妙的原则，这条原则将是我们要讨论的主要研究问题之一。

2. 我说谎了吗？

多年以后，当我在芝加哥大学读研究生的时候，遇到了类似上一个问题的情况。那时，我是一名专业魔术师，但我的魔术生涯在一定时期内发展十分缓慢，我需要其他增加收入的渠道。我决定尝试找一份推销员的工作。

我向一家吸尘器公司申请了工作，并参加了能力测试。其中有一道测试题是："你反对自己偶尔撒个小谎吗？"唉，那个时候我确实反对——我尤其讨厌销售员针对他们的产品说谎、歪曲事实，但我心里却想：如果我真实表达了自己的反对，那么我就无法得到这份工作。因此，我撒谎了，回答："不反对。"

面试结束，骑车回家时我想了很多。我问自己是否反对自己向销售公司说谎，回答是"不"。好吧，既然我并不反对所有谎言，那么我在测试中的回答"不反对"就不是撒谎，而是说了实话。

直到今天，我都不太清楚自己那时到底是不是说了谎。我觉得从逻辑角度来说，当时我说的是实话，因为假设我说谎了，那会引出一个矛盾。所以，逻辑学使我相信，我说了实话。但当时，我确实感觉自己是在撒谎！

说起谎言，我必须给大家讲讲伯兰特·罗素和哲学家乔治·爱德华·摩尔的故事。罗素认为摩尔是他见过的最诚实的人之一。他有一次问摩尔："你说过谎吗？"摩尔回答："说过。"在描述这件事时，罗素写道："我认为这是摩尔唯一说过的谎。"

我在销售公司的经历引出了另一个问题——一个人有没有可能在不知情的情况下撒谎？我的回答是"不会"。对我来说，说谎在阐述一个命题，不是说这一命题是假的，而是陈述自己相信它是假的。事实上，如果一个人碰巧说了句真实的话，但他以为那是假的，那么我就会认定，这个人说谎了。

我在一本病态心理学的教科书上读到过这样一件事，精神病院的医生们正在考虑释放一名精神分裂患者，他们决定给他做说谎测试。医生们问这名患者的一个问题是："你是拿破仑吗？"他回答："不是。"测谎仪提示他在说谎。

我还曾在什么地方读到过下面这件事，它显示出动物有时也会掩饰它们的真实想法。有一项实验，实验的主角是只被关在屋子里的黑猩猩，屋子正中央的天花板上用绳子悬挂了一根香蕉。香蕉挂得太高了，黑猩猩够不到。整间屋子除了黑猩猩、实验员、香蕉、绳子，还有几个不同大小的木箱子。这项实验的目的，是想探究黑猩猩是否聪明到可以自己叠放箱子当梯子使用，然后够到香蕉。真正发生的事却是这样的：实验员站在屋子角落观察实验进展，黑猩猩走到角落，急切地拽着实验员的衣袖，表示让他移动一下，实验员慢慢地跟随黑猩猩走。当他们来到屋子正中央时，黑猩猩忽然跳到他的肩膀上，然后够到了香蕉。

3. 发生在我身上的笑话。

我在芝加哥大学读研究生时，有位男同学有两个弟弟，一个六岁，一个八岁。我经常到他家里去做客，给两个孩子表演些戏法。有一天，我说："我会个魔法，可以把你们都变成狮子。"让我感到意外的是，其中一个孩子居然说："好呀，快把我们变成狮子吧。"我回答他说："嗯，但说真的，我不能那样做，因为我不会把你们变回来。"小点的说："我不介意啊，我就想让你把我们变成狮子。"大点的大声喊："我要你把我们变成狮子！"小点的又问："你要怎么做把我们变成狮子呢？"我回答他："我会念咒语。"其中一个就问："什么样的咒语？"我回答："如果我告诉你这些魔咒，我就得说出来，那样的话，你们就会立刻变成狮子了。"他们想了好一会儿，其中一个问："就没有什么魔咒能把我们变回来吗？"我回答："是的，有。但问题是这样的，如果我说了魔咒，不仅仅是你们两个，全世界的人都会变成狮子，包括我在内，而狮子不会说话，所以，就没有人能说出把我们可以变回来的魔咒了。"大点的于是说："那就写下来！"小点的说："但我不认识字呢！"我回复他们:"不,不行,写下来魔咒是不可行的,即使这些魔咒被写下来而不是说出来,世界上的所有人也会变成狮子。"他们失望地说:"噢。"

大约一个星期之后,我见到了那个八岁的男孩,他问我:"斯缪利安,有件事我一直想和你说,这件事困扰我很久。"我问:"什么事?"他说:"你是怎么学会那句魔咒的呢?"

二、谜题和小把戏

A. 一些老生常谈。

我们将从一些老生常谈的谜题开始,这些谜题曾是好几代人的笑料。有些谜题也许你们已经知道,但即使对于已知的故事,我依然会笑出几条皱纹来。

4. 我在看谁的画像?

这一谜题在我小时候非常流行,但现在似乎知之者甚少。这个问题有个非常显著的特征,那就是大多数人的答案是错的,但人们会坚持(不管论据如何)认为自己是正确的。我记得那次大约是在五十年前,我们和同伴在一起,就这个问题争论起来,似乎僵持不下好几个小时,其中一人得出的是正确答案,但他就是无法说服其他人,其他人坚持认为自己是对的。

问题是这样的:一个人正在看一幅肖像画。有人问他:"你在看谁的画像?"他回答:"我无兄弟,也无姐妹,这个人的父亲是我父亲的儿子。"("这个人的父亲"当然是指肖像画上面的人的父亲。)

这个人在看谁的画像？

5. _____

假设，上面问题的情境条件不变，这个人是这样回答的："我无兄弟，也无姐妹，但这个人的儿子是我父亲的儿子。"现在，这个人在看谁的画像？

6. _____

如果一颗无所不摧的炮弹击中一座坚不可摧的哨所，会发生什么？

这是另一个我小时候遇到的问题，我非常喜欢。所谓无所不摧的炮弹，我们大概都是指能够将一切摧毁的炮弹，而坚不可摧的哨所，是指一座不惧任何武力攻击的哨所。所以，如果一颗无所不摧的炮弹击中一座坚不可摧的哨所，会发生什么呢？

7. _____

下面是一个很简单的小问题，你们中的很多人或许都知道答案。24只红袜子和24只蓝袜子被一起放在黑屋子一抽屉里，我从抽屉里最低要拿出多少只袜子，才能保证至少有两只袜子是同样的颜色？

8. _____

上面这个问题的新版：假设抽屉里有些蓝色袜子和相同数

量的红色袜子，假设我必须拿出袜子的最低数量以保证至少有一双袜子是同色的，和为了保证至少有两只袜子不同色我必须拿出袜子的最低数量一致。抽屉里应该有多少只袜子？

9.

这里讲一道众所周知的逻辑谜题：假如纽约城的居民总数要比每个居民头发的数量都多，而且，没有居民是完全秃顶的，那么是不是必然得出结论：至少有两位居民的头发数量相同？

关于这个问题有个略微变化的版本：在无名镇上，以下陈述都是真实的：

(1) 没有两位居民拥有相同数量的头发。
(2) 没有居民的头发是 518 根。
(3) 居民的数量比任何居民头发的数量都要多。

无名镇上居民数量的最大值是多少？

10. 谁是凶手？

故事发生在穿越撒哈拉沙漠的旅行队中。一天晚上，他们安营扎寨。三个主要人物是 A、B 和 C。A 憎恨 C，决定要往他的水壶（水壶是 C 的唯一水源）里投毒谋杀他。然而巧合的是，除了 A 之外，B 也打算谋杀 C，所以 B 在 C 的水壶上钻了一个小孔，这样壶里的水就会慢慢漏出流光。他设想的结果是，等几天后，C 就会因为缺水而渴死。问题来了，C 死了，谁是凶手呢，A 还是 B？一方观点认为 B 是凶手，因为 C 根本就没能喝到 A 投毒后的水，因此，就算没有 A 在水中下毒，他也会死去。而另外一方则持相反的观点，A 才是真正的凶手，因为 B 的行为并没有对 C 的死亡结果有直接影响，一旦 A 投毒了，C 就死了，因此就算没有 B 钻的那个小孔，C 也会死。

哪方观点是正确的呢？

在这里，我打算给大家讲个笑话。一位来自中东的伐木工要到伐木场去找工作，工头说：“我不确定这是你想要找的工作。我们的工作是砍树。”伐木工说：“这正是我要找的工作。”工头回复他：“好吧，给你把斧子，让我们看看你用多久能把这棵树砍倒。”伐木工来到树前，抡起斧头砍了一下，大树就倒了。工头震惊不已，"不错，来试试这棵大树。"伐木工来到大树前，"噼""啪"两下，大树应声而倒。"真了不起！"工头大声喊了出来。"当然，你被雇用了！不过，你是怎么学会这么高超的砍树神技的？""哦，"那人回答说，"我在撒哈拉森林里练习过太多次了。"工头思索了一会儿，"你是说，"他说，"撒哈拉沙漠吧。""哦，对了，"伐木工回答，"现在是沙漠！"

11. 另一法律疑难问题。

有两人被怀疑是谋杀犯，陪审团发现他们其中一人有罪，而另一人是无辜的。法官转向那个有罪的人，说：“这是我遇到过最奇怪的案件！尽管毫无疑问你的罪名成立，但法律却迫使我不得不还你自由。”

你如何解释这种情况？

12. 两个印第安人。

有两个印第安人坐在一块原木上——一个是大人,一个是小孩。这个印第安人小孩是印第安大人的孩子,但印第安大人却不是这个印第安小孩的父亲。

你如何解释这种情况?

13. 停了的钟。

有道简单的老谜题:一个人没有手表,但他有一座精准的钟,然而,他有时候会忘记给钟拧上发条。一次,他出门去拜访朋友家,和朋友共度了一晚,然后回到家,给钟上发条。在没有预先知道行程时间为多久的情况下,他是怎么给钟上发条的?

14. 熊的问题。

这个问题的有趣之处在于,很多人都听说过这个故事,也知道答案,但他们却缺乏得出这个答案的理由。所以,即使你知道答案,也一定要参看以下解答部分。

一个人站在一头熊的正南方向100码。他往东走了100码,然后面朝北方,朝着北方开了一枪,正好击中那头熊。

那头熊是什么颜色的?

B. 猴把戏。

刚开始,我不知道该给这本书起什么名字。我想了几个——"消遣的逻辑""逻辑小游戏和消遣",还有其他名字,但都不太满意。后来,我决定去查查罗热词典:当我查"消遣"这一索引时,直接看到了840条有关"消遣"的词条。我看到了很多可以考虑的词汇,诸如"乐子""嬉戏""欢乐""欢闹""欢腾""诙谐""滑稽""幽默""卖傻""哑剧"。在下一段,我碰到了"游戏""玩耍""嬉闹""欢蹦乱跳""恶作剧""小丑""戏耍""戏谑""猴把戏"。嗯,当看到"猴把戏"这几个字,我哈哈大笑起来,对妻子说:"嗨,也许我应该给这本书取名叫《猴把戏》。"这个名字特别让人欢快,可是,这个名字很容易引起歧义,会让人误以为整本书都是关于逗人的猴把戏,因为这本书的大部分很难形容为"猴把戏"。但这个标题对这部分内容来说特别合适,很快读者们就会发现这点。

15. 两枚硬币的问题。

两枚美国硬币[①]加起来是三十美分,但其中一枚却不是五美分。这些硬币的币值会是多少?

16.

请问你们中有知道天主教教规的吗?你们知道天主教教会能否允许一位男士迎娶他那位寡妇的妹妹吗?

---

①美国硬币分为1美分(Penny)、5美分(Nickel)、10美分(Dime)、25美分(Quarter)、50美分(Half dollar)和1美元(Dollar)这六种币值。——译者注

17. _____

一个人住在一栋三十层高的公寓楼中的第二十五层。每天早上(除了周六和周日)他都会进电梯,然后到达一层,接着去上班。到了晚上,他回家时,他会走进电梯,然后停在二十四层,走一层楼。

为什么他要在二十四层这层楼停下而不是回到二十五层呢?

18. 语法问题。_____

你们有些人一定很注意语法的正确使用问题,那么到底应该是说"蛋黄是白的"还是"蛋黄们是白的"?

19. 速度-时间问题。_____

一列火车离开波士顿开往纽约,一小时后,一列火车离开纽约开往波士顿,两列火车速度一样,请问两列火车会车时哪列火车离波士顿更近一些?

20. 坡度问题。_____

有一座房子,上边的两侧屋顶倾斜程度是不一样的,一侧屋顶的倾斜角度是60度,另一侧屋顶的倾斜角度是70度。假设一只公鸡在屋脊上边下了一颗蛋。这颗蛋会从哪侧屋顶滑落?

21. 有多少个9?

一条街上有100栋建筑物,一位门牌制作师被要求为这些房子从 1 到 100 标记出来。他需要预订一些数字来完成任务，不用笔和纸，你能用脑袋算出来他需要用多少个数字 9 吗？

22. 跑道。

一只蜗牛用了一个半小时按照顺时针方向爬过了一条跑道，当它逆时针爬过同一条跑道时，却只用了九十分钟。为什么会出现这种差异？

23. 一道关于国际法的问题。

如果一架飞机在美国和加拿大的边境线上坠毁了，哪个国家会埋葬那些幸存者呢？

24. 你如何解释这一问题？

一位名叫史密斯的先生和他的儿子亚瑟坐在行驶的车中，这辆车发生了车祸，父亲当场死亡，儿子亚瑟受伤严重，被紧急送往医院。老大夫看了一眼他，说："我做不了这次手术，他是我的儿子亚瑟！"

你如何解释这一问题？

25. 现在！

现在，这本书叫什么名字呢？

解答。

4.

相当多的人会得出错误结论——这个人在看他自己的画像。他们把自己当作正在看肖像画的人了，他们的理由如下："既然我无兄弟也无姐妹，那么，我父亲的儿子就只有我。因此，是'我'正在看自己的画像。"

理由中的第一句毫无疑问是正确的，如果我没有兄弟姐妹，我父亲的儿子的确是我自己，没错。但这并不能推导出"我自己"就是这个问题的答案。如果问题的下半句陈述是"这个人是我父亲的儿子"，那么这个问题的答案就一定是"我自己"。但问题并没有这么说，问题是"这个人的父亲是我父亲的儿子"。从这句话可以推断出这个人的父亲是我自己（因为我父亲就只有我这么一个儿子）。既然这个人的父亲是我自己，那么，我就是这个人的父亲，也就是说这个人一定是我的儿子。因此这一问题的正确答案是：这个男人正在看他儿子的画像。

如果持怀疑态度的读者还没被说服（我敢肯定你们中很多人都没有被说服），不妨你把这句话按照以下方法更直观生动地略微调整，可能会对理解有所帮助：

（1）这个人的父亲是我父亲的儿子。

用"我自己"这个词代替上文中的短语"我父亲的儿子"，我们能得到下面这句：

（2）这个人的父亲是我自己。

现在，你被说服了吗？

5. _____

第二个问题——"我无兄弟,也无姐妹,但这个人的儿子是我父亲的儿子",答案是:这个人正在看他父亲的画像。

6. _____

这个问题的既定条件从逻辑上来说是矛盾的。从逻辑上来讲,不可能同时存在一颗无所不摧的炮弹和一座坚不可摧的哨所:如果存在一颗无所不摧的炮弹,那么根据它的定义,它将炸毁任何哨所,因此也就不可能存在什么坚不可摧的哨所;反过来说,如果存在一座坚不可摧的哨所,那么根据它的定义,没有任何炮弹能炸毁它,因此也就不会有什么无所不摧的炮弹。所以,"存在一颗无所不摧的炮弹"这句话本身在逻辑上是不矛盾的,"存在一座坚不可摧的哨所"这句话本身在逻辑上也不矛盾,但是,如果声称这两样东西同时存在,就是在阐述一件矛盾的事。

这种情形就和我问你如下问题是一样的:"有两个人,乔和杰克,乔比杰克高,然后杰克比乔高。现在,你能得出什么结论?"你的最佳答案也许是:"要么你在胡扯,要么你就是搞错了。"

7. _____

最常见的错误答案是"25"。如果问题是"我必须保证至少有两只袜子是不同颜色的最低数量是多少"?那么正确答案会是 25。但问题是需要至少两只是相同的颜色,所以,正确答案是"3"。如果我拿出三只袜子，不论是三只是同色的（这种情况下当然我能保证至少有两只袜子颜色是相同的），还是两只是一种颜色而第三只是另一种颜色，我都有两只是同一颜色的袜子。

8. _____

答案是"4"。

9. _____

第一个问题，答案是"是的"。根据定义，假设在纽约准确地拥有800万人口。如果每个居民都拥有不同数量的头发，那么就必须有800万种不同的数量小于800万这个数字。这是不可能的！

第二个问题，答案是518人！我们这样想，假设有多于518位居民，比方说520人。那么，低于520这个数就必须有520种确定的数目，而这些数目又没有等于518的。这是不可能的。因为小于520这个数字有确切的520种具体数目（包括0），所以，根据第二个条件除了518这一数字外，只有519种数目低于520，这是矛盾的。

顺便说一句，无名镇上的居民必定有一人是秃顶。想想这是为什么？

10. _____

我认为任何一方的观点都可以准确地被说成是"正确"或者"不正确"。在这一类型的问题里，我想一方的观点其实正如另外一方的。我个人的见解是，如果必须有人要为 C 的死亡负责的话，应该是 A。实际上，若我是 B 的辩护律师，我会向法庭指出以下两点：（1）把有毒的水漏走是没有杀人目的的；（2）甚至可能，B 的行为大概还延长了 C 的生命（虽然这并不是他的本意），因为让一个人死亡，毒死要比渴死快得多。

但也许 A 的辩护律师会反驳，"怎么会有理智的人宣判 A 因为下毒就是凶手，若是实际上 C 根本没有喝到有毒的水呢？"所以，这个问题是个真正的难解之谜！这件案子十分复杂，从道德角度、法律角度以及单纯的只考虑因果关系的科学角度来讲，都会有不同看法。从道德角度来说，很显然，两人都有意图谋杀的罪过，但依据意图来判定为真正的谋杀犯就未免极端了。从法律角度讲，我不知道法律会怎么宣判——也许不同的陪审团会做出不同的抉择。再从科学角度来看这一问题，整个因果关系的分析能引出各种各样的问题。我想，这个问题足够写一本书了。

11. _____

两位嫌疑人是连体双胞胎。

12. _____

印第安大人是印第安小孩的妈妈。

13. _____

当这个人离开家的时候，他匆匆记下了钟上显示的时间，开始计时。当他到达他朋友家时和他离开朋友家时，他都留意了时间。这样，他就知道他在朋友家待了多长时间。然后当他回家时，他看到钟，就知道了他离开家有多久了。总时长减去在朋友家待的时长，他就知道了往返两家时需要多久。在离开朋友家时看到的时间，加上一半的往返路程时间，他就能知道现在是几点了。

　　熊必须是白色的，它一定是头北极熊。多数人给的理由是这样的：这头熊一定站在北极的极点上了。怎么说呢，这种情况确实可能出现，但并不是唯一答案。站在北极的极点上，任何方向都是南方，站在熊南边 100 码的人向东走 100 码，他面向北方，他会再次面向北极的极点。但正如我刚才所说，这并不是唯一的答案。事实上，这道题有无穷多的解决方法。也可能是，比方说，这个人站在靠近南极极点的一个圆形上，这个环形并以极点为圆心，周长为 100 码，而那只熊站在他北面 100 码远的地方。然后，如果这个人朝东走 100 码，他将绕着这个环形走一圈，恰好回到原点。这是第二种解题思路。但仍然，这并不是仅有的答案，这个人可以站在更靠近南极极点的一个圆形上，这个圆的周长是 50 码，他可以绕着这个圆走两圈，然后回到原点上。或者他可以距离南极极点更近一点，圆的周长是 100 码的三分之一，这样绕着圆走上三圈，就又回到原点了。以此类推，方法有 N 多个。因为只要条件既定，地球上有无限种这样画圆的可能。

当然，在任何一种给出的答案中，这头熊都是接近两极的，不是北极就是南极，这就限定了熊是北极熊。当然，也有种极小的可能，或许有哪位喜欢抬杠的人故意运了一头棕熊到北极，以此来刁难这道题的作者。

15. _____

答案是一枚25美分和一枚5美分。其中一枚（是指25美分的这枚）不是5美分。

16. _____

一个死去的人怎么可能娶妻？

17. _____

他是个侏儒，够不到能直接到二十五层的电梯按钮。

我认识个人（很明显，他特别不擅长讲笑话）曾经在一次聚会上讲起这个笑话，当时我在场。他是这样开头的："一个侏儒住在一栋公寓楼的二十五层……"

18. _____

实际上，蛋黄是黄色的。

19. _____

显然，两列火车在会车时，它们与波士顿的距离是相等的。

20. _____

公鸡不会下蛋。

21. _____

20个。

22. _____

没有差异。一个半小时与九十分钟是相同时间。

23. _____

没人会想埋葬幸存者!

24. _____

老大夫是亚瑟·史密斯的母亲。

25. _____

不幸的是,我还是没有立刻想起这本书的名字,不过别担心,我相信我迟早会想起来的。

三、骑士与流氓

A. 骑士和流氓之岛。

有座存在着各种各样谜题的小岛，岛上生活着一类居民，他们被称为"骑士"，永远说真话，而另外的居民被称为"流氓"，总是说假话。假设每一位小岛居民要么是骑士，要么就是流氓。我会以这一类型的著名谜题开始，接着会告诉大家更多我构想的谜题。

26.

根据这个老问题的问法，有三位居民：A、B 和 C，三人一起站在一个花园里。一个陌生人经过，问 A："你是骑士还是流氓？"A 回答了，但回答得含混模糊，以至于陌生人听不清他说的是什么。陌生人问 B："A 刚才说了什么？"B 回答："A 说他是流氓。"这个时候，第三个人 C 说："别相信 B，他在说谎！"

问题是，B 和 C 是什么人？

27. _____

当我遇到上述问题时,我忽然想到 C 的话并没有在解决问题中起实质性作用,他只是个额外的附属人物。也就是说,当 B 说话的时候,即使没有 C 的证词,我们也能判断 B 在说谎(参见解答部分)。下面这一问题的更新版本消除了这个小瑕疵。

假设陌生人没有问 A 是什么人,而是问 A:"你们中有多少位骑士?" A 的回答又是含混不清的。然后,陌生人又问 B:"A 刚才说了什么?" B 回答:"A 说我们之中只有一位骑士。"然后,C 说:"别相信 B,他在说谎!"

现在,B 和 C 都是什么人?

28. _____

在这个问题中,只有 A 和 B 两人,他俩每个人不是骑士就是流氓。A 说了下面这句话:"我们中至少有一人是流氓。"

A 和 B 是什么人?

29. _____

假设 A 说:"或者我是流氓,或者 B 是骑士。" A 和 B 是什么人?

30. _____

假设 A 说:"或者我是流氓,或者二加二等于五。"你会得出什么结论?

31. _____

这次我们有三个人,A、B和C,每个人不是骑士就是流氓。A和B做出以下陈述:

A:我们所有人都是流氓。

B:我们之中只有一人是真正的骑士。

A、B和C都是什么人?

32. _____

假设A和B陈述的不是上述命题,而是以下:

A:我们所有人都是流氓。

B:我们之中只有一位是流氓。

我们能否确定B是什么人?能否确定C是什么人?

33. _____

假设A说:"我是流氓,但B不是。"

34. _____

我们这次还是遇到三位居民,A、B和C,他们每个人不是骑士就是流氓。如有两个人同是骑士或者流氓,就会被说成是同一种类型的。A和B说出下面的话:

A:B是流氓。

B:A和C是同一种类型的。

C是什么人?

35.

这次，还是有三位居民。A 说："B 和 C 是同一类型的。"于是有人问 C："A 和 B 是不是同一类型的？"

C 会如何回答？

36.

我的一次探险经历。

这是一道不寻常的谜题，另外，它是来自真实生活的。有一次当我拜访骑士和流氓所生活的小岛时，我遇到两位居民正好在树下休息。我问其中一人："你们两个有人是骑士吗？"他回答了一句，然后我得到了问题的答案。

我问问题的那个人是骑士还是流氓？另外一人是什么人？我向你保证，我已经给了你足够多的信息来解决这一问题。

37.

假设你去参观骑士和流氓所生活的小岛时，你遇到两位居民在太阳下懒洋洋地躺着。你问其中一人，另外那人是不是位骑士，然后你得到一句（是或不是）的回答。接着，你问第二个人，第一个人是不是骑士。你依然得到一句（是或不是）的回答。

两次回答是不是必然一样的呢？

38.

爱德华还是爱德文？

这次，你遇到一人懒洋洋地躺在太阳下胡扯。你记得他的名字不是爱德文就是爱德华，但你记不住确切是哪个。所以，你问了他，他的名字是什么。然后，他回答"爱德华"。

他的名字到底是什么呢？

B. 骑士、流氓和凡人。

同样有趣的一类问题涉及三种类型的人：骑士，一直说真话；流氓，一直说假话；凡人，有时候说谎，有时候说真话。这里有些我自己设计的关于骑士、流氓和凡人的谜题。

39.

我们假设有三个人，A、B和C，其中有一人是骑士，有一人是流氓，有一人是凡人（不过实际上顺序并不一定按照这个来的）。他们做出如下陈述：

A：我是凡人。

B：他说的是真的。

C：我不是凡人。

A、B和C都是什么人？

40.

这里是一道不同寻常的谜题：有两个人，A和B，他们每个人都可能是骑士、流氓或者凡人，他们陈述出如下命题：

A：B是骑士。

B：A不是骑士。

请证明两人中至少有一人说的是真话,但却不是骑士。

41.

这次,A 和 B 说了下面的话:

A:B 是骑士。

B:A 是流氓。

请证明两人中至少有一人说了真话但却不是骑士,或者一人说谎但不是流氓。

42.

等级问题。

在这座居住着骑士、流氓和凡人的岛上,据说流氓是最低等级,凡人是中等,骑士位于最高等级。

我尤为喜欢下面这种问题:假设有两人,A 和 B,他们每个人不是骑士、流氓就是凡人,他们陈述了如下命题:

A:我的等级比 B 低。

B:他说的不是真的!

能确定 A 和 B 的等级吗?能否确定他们所说的话是真的,还是假的?

43.

假设有三个人 A、B 和 C,其中一人是骑士,一人是流氓,另外一人是凡人。A 和 B 做出如下陈述:

A:B 的等级比 C 高。

B：C的等级比A高。

然后问C："谁的等级更高呢，A还是B？"C会怎么回答呢？

C. 巴哈瓦岛。

巴哈瓦岛是一个女性解放者居住的岛屿，这里的女性也被称作骑士、流氓和凡人。古代曾经有位巴哈瓦女王，心血来潮地颁布了一项奇怪的政令，要求：骑士只能与流氓结婚，流氓也只能和骑士结婚。（凡人只能和凡人通婚。）如此一来，所有结婚的夫妇中，不是全部凡人，就是一人是骑士一人是流氓。

下面的三个故事就发生在巴哈瓦岛上。

44.

我们首先碰到一对夫妻，A先生和A太太。他们说出了下面的话：

A先生：我的妻子不是凡人。

A太太：我的丈夫不是凡人。

A先生和A太太都是什么人？

45.

假设他们没有说上面那些，而是这样说的：

A先生：我的妻子是凡人。

A太太：我的丈夫是凡人。

A先生和A太太都是什么人？

46.

这次问题是关于巴哈瓦岛上两对夫妻的，分别是 A 先生和 A 太太、B 先生和 B 太太。他们接受了访问，四人中的三人给出以下言论：

A 先生：B 先生是位骑士。

A 太太：我的丈夫说得对，B 先生是位骑士。

B 太太：A 先生说得对。我的丈夫的确是位骑士。

这四人都是什么人？谁说的话是真的呢？

解答。

26.

无论是骑士还是流氓，都不可能说出"我是流氓"这句话的，因为真正的骑士不会说出假话，说自己是流氓，而一个流氓也不会说真话，即承认自己是个流氓。所以，A 永远不可能会说自己是流氓。由此可见 B 说谎了，因为 B 说 A 说的是"我是流氓"。因此，B 是个流氓。既然 C 说 B 在说谎，而 B 的确在说谎，可知 C 说的是真话，所以 C 是骑士。总结来说，B 是流氓，而 C 是骑士。（但我们无法知道 A 是什么人。）

27.

这道题的答案和前面问题是一样的，但解题过程却有点不同。

首先可以看到 B 和 C 一定是不同的两种类型，因为 B 和

C 的话是矛盾的，所以，这两个人，一人是骑士，另一人是流氓。现在，假设 A 是骑士，那就存在了两位骑士，所以 A 就一定不会说谎，不会说"只有一人是骑士"这样的话；另外一方面，如果 A 是流氓，那三人中就确实存在着一位骑士，但 A 是流氓，所以不能说出这样的真话，因此，A 不会说"我们之中只有一位骑士"这样的话。所以，B 一定是转述错了 A 所说的话，由此可推断，B 是流氓，C 是骑士。

28.

假设 A 是流氓。那么"我们中至少有一人是流氓"这句话就是假话（因为流氓只说谎话），那么他们都是骑士。如此，A 已经被假设是流氓了，又必须是骑士，这是不可能的，所以，A 不是流氓，他是骑士。这样一来，他说的话就一定是真话，至少他们中有一人是流氓。既然 A 是骑士，那么 B 一定是流氓，因此，A 是骑士，而 B 是流氓。

29.

这一问题非常适合用来介绍析取逻辑。假设有两句话，p 和 q，"或者 p，或者 q"意思是，p 和 q 这两句中至少有一句（当然两句也可以）是正确的。如果"或者 p，或者 q"这句话是错误的，那么 p 和 q 陈述的都是错的。举个例子来说，如果我说："或者天在下雨，或者天在下雪"，如果我的话是错误的，那么"天在下雨"这件事不成立，"天在下雪"这件事也不成立。

这就是"或……，或……"在逻辑学中的用法，这本书从始至终都是这么使用这组词汇的。在日常生活中，这组词有时候会这么用（允许两个选项都存在），也有时候会用到互斥的语境中——也就是有且只有一个选项句子是成立的。举一个互斥意味的例子，如果我说，"或者我要迎娶贝蒂，或者我要迎娶简"，很容易理解这两个选项是互斥的，也就是说，我不能同时娶到这两个女孩。另一方面，如果一所大学的招生简章声称：入校学生将被要求或者学习一年的数学，或者学习一年的外语，这所大学当然不会排斥你两门学科都学习！这是"或……或……"这一词汇的兼容性用法，也是我们在本书中时不时采用的方法。

"或……，或……"这种析取逻辑还有一个重要的特点。回想一下"p 或 q"（"或者 p，或者 q"的简写版），假设整句话为真，那么，如果 p 为假，q 就必定为真（因为至少一项是真，所以如果 p 为假，那么 q 必定为真）。例如，假设"天或是在下雨或是在下雪"这一命题为真，但"在下雨"为假，那么"在下雪"就必定为真。

下面我们便应用了这两项准则。A 的话使用了一种析取类型的陈述方式——"或者我是流氓，或者 B 是骑士"，假如 A 是流氓，那么这句话就是假的，这就意味着 A 不是流氓，同时，B 也不是骑士。所以，如果 A 是流氓，根据他的话又得出他不是流氓的结论，这就形成了矛盾，因此，A 一定是位骑士。

我们已经证实了 A 是骑士。所以他的话为真，他说的话至少有一句是成立的：（1）A 是流氓；（2）B 是骑士。因为（1）

项是假的（因为 A 是骑士），故而（2）项必定为真，也就是说 B 是骑士。总结来说，A 和 B 都是骑士。

30.

可以明确证实的是，提出这个问题的作者一定不是骑士。事实上，无论是骑士，还是流氓，都不可能说出这样的话。如果 A 是骑士，那么他所说的"或者我是流氓，或者二加二等于五"这句话就是假的，因为 A 本身就不是流氓，而且二加二也不等于五。如此一来，作为骑士的 A 就说出了假话，这是不可能的。另外一方面，如果 A 是流氓，那么他的话"或者我是流氓，或者二加二等于五"这句话就是真的，第一句说"我是流氓"为真。但是，作为流氓的 A 却说出一句真话，这同样不可能。

因此，这个问题的给定条件是相互矛盾的（就像无所不摧的炮弹和坚不可摧的哨所那一问题一样）。不过，我，作为这个问题的作者，或者说犯了小错，或者是说了谎。我可以向你保证，我没有弄错。那么，只能得出结论——我一定不是骑士。

从过往经历而言，我很想证实一下我至少有一次在生活中说了真话，所以，我也不是个流氓。

31.

首先，A 一定是流氓，如果他是一位骑士，那么三人都是流氓这句话就为真，因此 A 也一定是流氓。如果 A 是骑士，根据他的话他又必须是流氓，这是不可能的。所以 A 是流氓。因为他的陈述是假的，由此可知他们三人中至少有一位是骑士。

现在，假设 B 是流氓。A 和 B 就都是流氓，所以 C 就是骑士（因为至少他们三人中有一位是骑士）。这意味着他们中间的确存在一位骑士，那么 B 的陈述为真。我们不可能让一位流氓说真话，所以 B 一定是骑士。我们现在知道 A 是流氓，而 B 是骑士。因为 B 是骑士，他说的话一定为真，他们之间的确只有一位骑士。而骑士一定是 B，所以 C 必定是流氓。因此，这一问题的答案是：A 是流氓，B 是骑士，C 是流氓。

32.

无法确定 B 是什么人，但可以得出 C 是骑士的结论。

首先，A 是流氓，这个理由和之前的问题一样；因此，他们三人之中至少有一位是骑士。现在，B 或者是骑士，或者是流氓。假设他是骑士，那么他们之中有一人是流氓这句话为真。唯一的流氓是 A，所以 C 是骑士。如果 B 是骑士，那么 C 也是。另一方面，如果 B 是流氓，那么 C 一定是骑士，因为三个人不能同时都是流氓（正如我们之前已证实的）。因此无论在哪种条件下，C 都必定是一位骑士。

33.

首先，A 不可能是骑士，他的话也不可能是真的，无论如何，他都只能是流氓，因此 A 是流氓。所以，他的陈述为假。如果 B 是骑士，那么 A 的话就为真。故而，B 也是流氓。所以，

A 和 B 都是流氓。

34. _____

假设 A 是骑士。他的陈述"B 是流氓"这一命题即为真，B 就是流氓。因此 B 的陈述说"A 和 C 是同一种类型的"为假，所以 A 和 C 是不同类型。可知 C 一定是流氓（因为 A 是骑士）。如果 A 是骑士，那么 C 就是流氓。

另一方面，假设 A 是流氓。那么他的陈述"B 是流氓"这一命题为假，所以 B 是骑士。由此，B 所说的命题"A 和 C 是同一种类型的"为真。这意味着 C 一定是流氓（因为 A 是流氓）。

我们证明出不管 A 是骑士也好，是流氓也罢，C 都一定是流氓。因此，C 是流氓。

35. _____

若想解决这道问题，我们只有通过举例来分析了。

示例一：A 是骑士。那么 B 和 C 是同一类型的。若 C 是骑士，那么 B 也是骑士，于是可以得出和 A 是同一类型的结论，所以这种情形下，C 应该如实回答"是的"。若 C 是流氓，那么 B 也是流氓（因为他和 C 是同一类型的），因此，C 和 A 不是同一类型的。所以，作为流氓的 C 一定会说谎，然后回答"是的"。

示例二：A 是流氓。那么 B 和 C 是不同的类型。如果 C 是骑士，那么 B 就是流氓，因此，A 和 B 是同一类型的。所以，作为骑士的 C 一定会说真话，回答"是的"。如果 C 是流氓，那么 B 就是和 C 不同类型的骑士，于是 B 和 A 就不是同一种类型。然后，作为流氓的 C 必须说谎否认 A 和 B 是不同类型的，所以，他会回答"是的"。

36.

解决这一问题，你一定要充分利用在得到说话人反馈后我给你的信息——我知道了我所问问题的真正答案。

假设说话人——我们可以叫他 A——回答了"是的"，我是否就能断定他们中至少有一位骑士呢？当然不能。因为 A 可以就是骑士，然后据实回答"是的"（这是实话，而且实际上真的至少有一人——也就是 A——是位骑士），或者他们两个人都是流氓，在这种情况下，A 也会给出假答案"是的"（这句话真的是假话，因为两人都不是骑士）。所以，如果 A 的回答是"是的"，那我就没办法知道所问问题的答案。但我已经告诉大家，我在 A 回答后，的确是知道了答案，因此，A 的回答一定就是"不是"。

读者们现在可以清晰地辨别 A 和另外一人，我们可以叫他 B 都是什么人了：如果 A 是骑士，他无法说出"不是的"这样的真话，所以 A 是个流氓。既然 A 的回答为假，那么就真的至少有一位骑士存在，因此 A 是流氓，B 是骑士。

37.

是的，两次答案是一样的。如果他们都是骑士，那么他们都会回答"是的"。如果他们两人都是流氓，那么他们也会回答"是的"。若一人是骑士，而另一人是流氓，骑士的回答会是"不是"，而流氓的回答也是"不是"。

38. _____

我感觉有必要时不时来个小恶作剧。这道题的关键我已经告诉你了，"一人懒洋洋地躺在太阳下胡扯"[①]。从这里你可以看出，他是在阳光下胡扯。从这里你可以知道他在说谎，所以，他是个流氓。因此，他的名字是爱德文。

39. _____

首先，A不可能是骑士，因为骑士永远不可能说自己是凡人。所以，A是流氓或者是凡人。假设A是凡人。那么B陈述的命题就为真，由此可知B不是骑士就是凡人，但B不能是凡人了（因为A已经是凡人），所以B是骑士。这样，C就是流氓。但真正的流氓是不可能说他自己不是凡人的（因为流氓的确不是凡人），我们得出的结论是矛盾的。因此，A不会是凡人。那么A就是流氓。然后B的陈述命题是假的，所以B一定是凡人（B不可能是流氓，因为A已经是流氓了）。由此，A是流氓，B是凡人，于是得出C是骑士。

[①] 原文是：one inhabitant lazily lying in the sun，在英文中，lying 既有"说谎"的意思，也有"躺着"的意思。一般而言，人们把 lying in the sun 认为是"在阳光下躺着晒太阳"之意，但本书作者这里故意取"说谎"之意。——译者注

40. _____

这道题的有趣之处在于我们无法确定，到底是 A 说的是真话但他不是位骑士，还是 B 说的是真话但他不是位骑士，我们只能证明他们中至少有一人说了真话但不是骑士。

A 是在说真话还是在说假话。我们可以这样证明：（1）假设他说的是真话，那么 A 说的是真话，但他不是骑士；（2）假设 A 没有说真话，那么 B 说的是真话，但他不是骑士。

（1）假设 A 说的是真话。那么 B 就是真正的骑士。因此，B 一定说的是真话，所以，A 不是骑士。于是我们可以得出结论，如果 A 说的是真话，那么 A 就是那个说了真话但不是骑士的人。

（2）假设 A 说的是假话。那么 B 就不是骑士。但 B 说的话却为真，所以，A 不可能是骑士（因为 A 没有说真话）。所以，在这种情况下，B 是说了实话但不是骑士的那人。

41. _____

我们可以知道，如果 B 说的是真话，那他一定不是骑士，而如果他没有说真话，那 A 就一定在说谎，但他又不是流氓。

（1）假设 B 说的是真话。那么 A 是流氓，所以 A 自然不会说真话，故而 B 一定不是骑士。在这种情况下，B 说了真话，但他不是骑士。

（2）假设 B 没有说真话。那么 A 就不是真正的流氓。但 A 一定说了关于 B 的假话，因为 B 并没有说真话，所以他不可能是骑士。在这种情况下，A 说了假话，但他不是流氓。

42.

首先，A 不可能是骑士，因为若说骑士会比任何人的等级低，那这句话不可能为真。现在，假设 A 是流氓。那么，他陈述的命题为假，因此他的等级不会比 B 低。这样的话，B 必须也是流氓（如果 B 不是流氓，A 的等级就会出现比他低的情况）。由此可知，当 A 是流氓时，B 也是。但这是不可能的，因为 A 和 B 所说的相互矛盾，两句矛盾的话不会都是错的。所以，假设 A 是流氓导致出现了矛盾。可知，A 不是流氓，因此，A 一定是凡人。

现在，B 是什么人呢？这样说吧，如果他是骑士，那么 A（作为凡人）实际上的等级是比 B 要低的，也就是说 A 的话为真，那么 B 的话为假，我们已经知道骑士是永远不会说谎话的，由此，B 不是骑士；假设 B 是个流氓，那么 A 说的话为假，而 B 说的话为真，我们已经知道流氓是永远不会说真话的，因此，B 也不是流氓。所以，B 是位凡人。

由此可知，A 和 B 都是凡人。A 陈述命题为假，而 B 陈述命题为真。所以，这一问题需要一套完整的解决方案。

43.

第一步：从 A 的陈述中我们可以知道，C 不可能是凡人。如果 A 是骑士，那么 B 的等级一定比 C 高，因此 B 一定是凡人，而 C 必定是流氓。在这种情况下，C 不是凡人。假设 A 是流氓，那么 B 的等级并没有比 C 高，B 的等级更低一些，所以 B 一定是凡人，而 C 一定是骑士。在这种情况下，C 也不是凡人。第三种可能性是 A 是凡人，在这种条件下，C 更不可能是凡人了（因为 A、B、C 三人中，只有一人为凡人）。因此，C 不是凡人。

第二步：同样如此分析下来，根据 B 的话可知 A 不是凡人。既然 A 和 C 都不是凡人，那么 B 是凡人。

第三步：既然 C 不是凡人，那么他要么是骑士，要么是流氓。假设他是骑士，A 就是流氓（因为 B 已经证实是凡人了），得出 B 的等级比 A 高。因此，作为骑士的 C 会用真话回答："B 的等级更高。"另外一方面，假设 C 是流氓，那么 A 一定是骑士，所以 B 的等级没有 A 高。这时，作为流氓的 C 会用假话回答："B 的等级比 A 高。"由此，不管 C 是骑士还是流氓，他的回答都是：B 的等级比 A 高。

44.

A 先生不可能是流氓，因为他的太太若是骑士的话，就不是凡人，所以 A 先生的陈述为真。同理，A 太太也不能是流氓。如此一来，没有人是骑士了（也不是流氓），所以，他们两人都是凡人（而且都说了假话）。

45.

第二个问题，答案也是一样的。想想为什么呢？

46.

结论是，这四个人都是凡人，而三句话都是假话。

首先，B太太一定是凡人，因为如果她是骑士，那么她的丈夫就是流氓，而她不可以说假话，硬是将他说成是骑士；如果她是流氓，那么她丈夫就必定是骑士，她也不可能说真话说他是骑士。因此，B太太必定是凡人。所以，B先生是凡人。这就意味着A先生和A太太都说了假话，因此，他们两人不可能是骑士，也不可能是流氓，所以，他们都是凡人。

四、在遗忘森林的爱丽丝

A. 狮子和独角兽。

当爱丽丝来到遗忘森林的时候,她并没有忘记所有事情,只是一部分记忆没了。她经常忘记自己的名字,还有就是时常忘记当天是周几。狮子和独角兽是森林里的常客,它们是两种非常奇异的动物,狮子在周一周二周三说谎,其余几天都说真话;而独角兽正好相反,它在周四周五和周六说谎,其余几天说真话。

47.

有一天,爱丽丝遇到了在树下休息的狮子和独角兽,它们说出以下内容:

狮子:昨天是我说假话的一天。

独角兽:昨天也是我说假话的一天呢。

从这两只动物的陈述中,爱丽丝(非常聪明的小姑娘)能推断出这天是周几。那么,这天是周几呢?

48. _____

在另一场合中，爱丽丝只见到了狮子，它说了如下的话：

（1）我昨天说谎了。

（2）明天之后，我又可以说两天谎了。

这天是周几？

49. _____

在一周内的哪些天里，狮子可以同时说出以下这些话：

（1）我昨天说谎了。

（2）我明天又要说谎了。

50. _____

在一周中的哪些天可以让狮子说出这句话："我昨天说谎了，并且我明天还将说谎。"警告！这道题的答案和先前问题的答案是不一样的！

B. 叮当兄和叮当弟[①]。

有一个月，狮子和独角兽没有出现在遗忘森林中，它们在别的地方忙着争夺王冠呢[②]。

不过，叮当兄和叮当弟经常来森林。现在，他们两人中有一人像狮子一样，在周一周二周三说谎，其余时间都说真话；

[①] 叮当兄和叮当弟是作家刘易斯·卡罗尔所著的《爱丽丝镜中奇遇记》中的人物，两人长相一模一样，形象上都是矮矮胖胖的。——译者注

[②] 《狮子和独角兽》最初是欧洲古老童谣《鹅妈妈童谣集》中的一首，狮子和独角兽为了争夺王冠而战斗。此情节也出现在《爱丽丝镜中奇遇记》一书中。——译者注

另一人则像独角兽，他在周四周五和周六说谎，一周的其余时间都说真话。爱丽丝不知道谁像狮子谁像独角兽。让情况更糟糕的是，这两兄弟看上去特别相像，爱丽丝甚至分不清谁是哥哥谁是弟弟（除非他们穿上衣领绣着名字的衣服时，不过他们很少这样做）。所以，可怜的爱丽丝发现自己的境遇愈加麻烦！现在，这里给大家讲讲爱丽丝和叮当兄弟的奇遇经历。

51.

一天，爱丽丝遇到了在一起的两兄弟，他们说出了下面的话：

第一个人说：我是叮当兄。

第二个人说：我是叮当弟。

哪个人是真的叮当兄，哪个人是真的叮当弟？

52.

在该周的另外一天时，两兄弟说出下面的话：

第一个人：我是叮当兄。

第二个人：如果真是这样的话，我就是叮当弟了。

谁是谁呢？

53.

在另一情形下，爱丽丝遇到两兄弟，问了他们其中一人："你在周日说谎吗？"他回答："是的。"然后她又问了另外一人同样的问题。他会怎么回答呢？

54.

在另外一情形中，两兄弟说出下面这些话：

第一个人：

（1）我在周六说谎。

（2）我在周日说谎。

第二个人：我明天会说谎。

这天是周几？

55.

一天，爱丽丝遇到其中一个兄弟，他说出下面这句话："我今天说谎，并且我是叮当弟。"

说话的是谁？

56.

假设，他没有说上面的内容，而是说了："或者我今天说谎，或者我是叮当弟。"这样还可能推断出他是谁吗？

57.

一天，爱丽丝遇到兄弟两人，他们说出下面的话：

第一个人：如果我是叮当兄，那么他就是叮当弟。

第二个人：如果他是叮当弟，那么我就是叮当兄。

能不能推断出谁是谁呢？是否能推断出这天是周几？

58.

有一次,爱丽丝解开了三个神秘问题。她在一棵树下遇到了咧嘴笑的两兄弟。她希望通过这次相遇可以知道以下三件事:(1)今天是周几;(2)两人中谁是叮当兄;(3)叮当兄的说谎习惯像狮子还是像独角兽(她很早就想弄清楚这件事!)?

两兄弟做出以下陈述:

第一个人:今天不是周日。

第二个人:事实上,今天是周一。

第一个人:明天是叮当弟说谎的一天。

第二个人:狮子昨天说谎了。

爱丽丝高兴得拍起了手掌。现在所有问题都完美解决了。这要如何解答呢?

C. 谁拥有拨浪鼓?

叮当兄和叮当弟,

说好了就要打一架。

叮当兄说,

叮当弟把他的新拨浪鼓弄坏啦!

这时飞来一只大乌鸦,

黑如柏油桶让人害怕。

兄弟二人都被吓坏,

全部忘记吵架啦!

"好吧，好吧，"一天，白国王洋洋得意地朝爱丽丝大声喊道："我找到拨浪鼓了，我还把它修好了。它看起来是不是就像新的一样？"

"是的，的确很新，"爱丽丝热切地回答，"它看起来就像昨天刚刚做好的一样。就连小孩子都看不出其中区别。"

"你说'就连小孩子'是什么意思？"白国王严肃地问，"你知道吗，你这话可不严谨。当然小孩子看不出其中区别了——没人会期待小孩子能做这样的事！"

"你应该这样说，"白国王继续说道，言辞稍稍温和了些，"即使是成年人都看不出有什么区别——甚至世界上最伟大的拨浪鼓专家都不能。"

"不管怎样，"白国王接着说，"我们可以想象专家会这么说。现在重要的是，把这个拨浪鼓归还给它的失主。你愿意帮我做这件事吗？"

"谁是失主呢？"爱丽丝问。

"我真不该和你浪费这么多口舌！"白国王不耐烦地呵斥。

"为什么这么说？"

"因为童谣里已经明确地说了啊——我保证你知道那首童谣，就是'叮当兄说，叮当弟把他的拨浪鼓弄坏啦'这句，所以，拨浪鼓当然是属于叮当兄的！"

"这可不一定，"爱丽丝回复，一股争论的劲头攀上她脑海，"我很清楚这首童谣，也相信它。"

"那你有什么问题？"白国王惊奇地大声问道。

"原因很简单，真的，"爱丽丝解释道，"我承认童谣里的内

47

容都是真的，叮当兄的确是说过叮当弟弄坏了他的拨浪鼓，但叮当兄这么说了，并不意味着这件事就是对的，也许，叮当兄是在他的说谎日说出这句话的。事实上，据我所知，结果可能正好与此相反——也许是叮当兄弄坏了叮当弟的新拨浪鼓。"

"哦，天哪，"白国王愁眉苦脸地回了一句，"我没考虑到这层。现在，我所有的好意都被浪费了。"

可怜的白国王看上去垂头丧气的，爱丽丝担心他会哭出来。"没事的，"爱丽丝竭尽所能地鼓舞他，"把那个拨浪鼓交给我，我会帮你找到谁是它真正的主人。我已经有了一些对付这里说谎者和说真话者的经验，我积攒了一些应付这些人的小技能。"

"我希望你是如此！"白国王哀戚道。

现在，我要给你们讲讲爱丽丝带着拨浪鼓所经历的真实奇遇。

59.

她拿着拨浪鼓，走进遗忘森林，希望找到至少两兄弟中的一人。令她欣喜的是，她忽然在一棵树下碰到正在树下咧嘴笑的兄弟二人。她走到第一个人面前，严肃地说："我现在要听实话！这个拨浪鼓到底是谁的？"他回答："这个拨浪鼓是叮当弟的。"她思考了片刻，又问第二个人。"你是谁？"他回答："叮当弟。"

现在，爱丽丝记不清这天是周几了，但她很肯定不是周日。

爱丽丝应该把拨浪鼓交给谁呢？

60.

爱丽丝将拨浪鼓归还给了真正的主人。几天后,另外那个人又把拨浪鼓弄坏了。这一次,没有乌鸦来吓走两兄弟,所以他们开始相互又打又摔的。爱丽丝捡起地上破损的拨浪鼓,尽可能快地跑出了森林。

一段时间后,她又遇见了白国王。她将遇到的状况详细地告诉给他。

"很有意思,"白国王回答,"最有意思的是,尽管你知道应该把拨浪鼓给谁,但我们仍然不知道是叮当兄还是叮当弟真正拥有这个拨浪鼓。"

"没错,"爱丽丝回答,"但我现在该怎么办?"

"没什么可担忧的,"白国王说,"我很容易就能再把拨浪鼓修好。"

他果然说话算话,把拨浪鼓修复得非常完美,几天后,他把拨浪鼓交给了爱丽丝。爱丽丝小心翼翼地走进森林,担心着两兄弟还在打架。事实上,两兄弟刚刚休战,爱丽丝碰到其中一个因为筋疲力尽而在树下休息的兄弟。爱丽丝走过去,问他:"到底谁是这个拨浪鼓的主人?"他兜着圈子回答了一句:"这个拨浪鼓的真正主人今天会说谎。"

说话的这个人拥有拨浪鼓的概率是多大?

61.

几天后,爱丽丝又遇到兄弟二人中的一人正躺在树下休息。她又问了相同的问题,得到的回答是:"拨浪鼓的主人今天说真话。"

爱丽丝陷入沉思；她在思考说话者拥有这个拨浪鼓的概率是多大。

"我知道你在想什么，"蛋头先生说，他刚好站在不远处，"概率准确来说是十四分之十三。"

蛋头先生是怎么得出这一数值的？

62.

这次，爱丽丝遇到了在一起的两兄弟。爱丽丝问第一个人："你是这个拨浪鼓的主人吗？"他回答："是的。"然后爱丽丝问第二个人："你是这个拨浪鼓的主人吗？"第二个人回答了，然后爱丽丝将拨浪鼓给了他们其中一人。

爱丽丝把拨浪鼓给了第一个人还是第二个人？

D. 出自贾伯沃奇[①]之口。

爱丽丝和叮当兄弟在遗忘森林里漫游的所有探险经历中，有一件事让我觉得最为怪异，这件事爱丽丝也记忆犹新。

那是这样开始的：有一天，蛋头先生遇见爱丽丝，并对她说："孩子，我想要告诉你一个惊天秘密。很多人都不知道呢，但叮当兄和叮当弟实际上还有第三个兄弟——他的名字叫叮当哥。他住在很遥远的地方，但偶尔也会在这周围游荡。他的长相看上去就和叮当兄还有叮当弟长得一样，就像叮当弟和叮当

---

① 贾伯沃奇，《爱丽丝梦游仙境》中的人物，是一条恶龙。——译者注

兄那么相像。"

这一消息非常困扰爱丽丝！一方面，若是真的存在第三个叮当兄弟，就意味着她之前所有的推论都作废无效了，她可能还没有真的弄清楚是周几，在此之前她以为自己已经理清了头绪。更重要的一点是，她或许还没有把拨浪鼓归还给真正的主人。

爱丽丝陷入沉思，仔细琢磨这些恼人的问题。最后，她问蛋头先生一个非常聪明的问题。

"叮当哥是在哪些天说谎？"

"叮当哥永远都在说谎。"蛋头先生回答。

带着郁闷的沉默，爱丽丝走开了。"也许整件事都只是蛋头先生虚构的谎言而已，"爱丽丝对自己说，"对我来说，这听上去就像一个不大可能会发生的事。"但是，"可能是真的"这个想法还是萦绕在她的脑海中。

下面是四个不同情况下发生的故事，我会一一讲给大家听。我请读者们先假设两个条件：（1）如果除了叮当兄和叮当弟之外有第三个人长得和这兄弟俩很像的话，他的名字真的叫叮当哥；（2）如果有这样一个人存在，那么他一直是说谎的。我需要提醒一下，第二个假设条件对于下面这个故事来说并没什么用处，但这一条件对接下来的两个问题很重要。

63. 爱丽丝在森林中遇见了兄弟中的一人。

至少，这个人长得看上去就是叮当兄或者叮当弟。爱丽丝告诉了这个人蛋头先生所讲的故事，然后问他："你到底是谁?"他给出了一个令人费解的答案:"我或者是叮当兄,或者是叮当弟,并且,今天是我说谎的日子。"

问题是,叮当哥真的存在吗?还只是蛋头先生虚构的人物?

64. 另一个版本的故事中。

爱丽丝遇到(看上去像是)两兄弟。她问第一个人:"你到底是谁?"她得到下面的回答:

第一个人:我是叮当哥

第二个人:是的,他是!

从这个版本中,你能得出什么结论?

65. 第三个版本。

在这个版本中,爱丽丝只遇见了兄弟中的一人。他说出了下面的话:"今天是我说谎的一天。"从这个版本的故事中,你能得出什么结论?

66. 第四个版本。

在这个版本中,爱丽丝在周内遇到(看上去像是)两兄弟。她问:"真的存在叮当哥吗?"

第一个人:"叮当哥存在。"

第二个人:"我存在。"

从这个版本的故事中,你能得出什么结论?

尾声。

现在，这件事的真相到底是什么？叮当哥果真存在吗？呃，我已经告诉你们已经发生的四个版本，这些故事结果却是相互冲突的。怎么会有四个版本的故事？好吧，实话实说，这些故事并不是我自己创作出来的，我是从贾伯沃奇口中听说的。现在，爱丽丝和蛋头先生之间的对话是真实发生的；爱丽丝这样告诉我的，而且爱丽丝永远说真话。但之后发生的故事的那四个版本是由贾伯沃奇告诉我的。我知道贾伯沃奇说谎的日期和狮子一样（都是在周一周二周三），他给我讲这四个故事发生在连续工作日的四天里。（我之所以知道那些天是周内，是因为我一到周六和周日就困顿，会睡上一整天。）这些故事讲述的顺序就和我复述给大家的是一样的。

从我说的这些信息里，读者很容易就能推断出叮当哥是否真的存在，或者是蛋头先生在说谎。爱丽丝知道叮当哥是否存在吗？

解答。

47.

狮子可以说"我昨天说谎了"这句话是在周一和周四。独角兽可以说这句话是在周四和周日。因此，他们可以同时说这句话的唯一一天是周四。

48.

狮子的第一句话暗示当天是周一或者周四,第二句话说明不能是周四,所以,这天是周一。

49.

周几都满足不了这两个条件!只有周一和周四可以让狮子说出第一句话,但只有当周三和周日的时候,狮子才能说第二句话,所以,没有哪天能让它同时说出这两句话。

50.

这是完全不同的问题!这道题很好地解释了两句分别阐述的命题和一句合取命题的区别。实际上,对于给定的任意两命题 X 和 Y 来说,如果命题"X 并且 Y"为真,那么当然 X 和 Y 命题都分别为真;但若是"X 并且 Y"为假,那么只能推导出至少有一命题为假。

现在,一周中"狮子昨天说谎了并且明天还将说谎"这一命题为真是在周二(这是唯一一天在狮子说谎日之间的),所以,狮子说的不可能是周二,因为若是周二的话,此命题为真,而狮子在周二的时候是不说真话的。既然不会是周二,所以,狮子所言就是假话,狮子在说谎。因此,这天既可能是周一,也可能是周三。

51.

如果第一句为真,那么第一个人就真的是叮当兄,于是第二个人就是叮当弟，并且第二句话也是真的；如果第一句话是假的，那么第一个人实际上是叮当弟，第二个人是叮当兄，于是第二句话也是假的。因此，要么两句话都是真的，要么两句话都是假的，但两句话不能同时都是假的，因为两兄弟没有同一天说谎的时候。所以，两句话都为真。所以，第一个人是叮当兄，第二个人是叮当弟。还有，他们相遇这天一定是周日。

52.

这一问题完全是另一回事！第二个人的话一定为真。现在，我们已经知道这周的这天是上一问题之外的一天，所以，这天是除周日外的周内，由此，两句话就不可能同时为真，所以第一句话必定为假。因此，第一个人是叮当弟，而第二个人是叮当兄。

53.

第一个回答很明显是假话，所以，三人相遇一定发生在除周日外的周内；所以，另外一个人一定会如实回答："不是的。"

54.

第一个人说的第二句话明显是假话，所以第一句话也是假话（因为话是出自同一天同一人之口）。因为第一个人不会在周六说谎，所以第二个人才在周六说谎。第二个人在会面当天是说真话的（因为第一个人说谎了），所以，这天可能是周一、周二或者周三。这些天中，唯一满足第二天第二个人说谎的是周三。因此，这天是周三。

55.

他的话明显是谎话（因为如果是真话的话，那么他当天是说谎的，这就形成了矛盾）。于是，两句话"我今天说谎"和"我是叮当弟"中至少有一句必定是谎话。第一句（命题"我今天说谎"）这句话是事实为真，所以第二句话必定为假，所以，他是叮当兄。

56.

是的，能推断出来。如果他当天说谎，那么析取逻辑命题的第一句就为真，这样一来，整句命题都为真，这就形成了矛盾。所以，他当天是说真话的，由此，他陈述的命题"或者我今天说谎，或者我是叮当弟"为真。因为今天不是他的说谎日，所以，他就是叮当弟。

57.

很明显，两句话都为真，所以这天是周日。但无法判断谁是兄谁是弟。

58.

首先，若是在周日的话，任何一人都不可能说谎，谎称当天不是周日。所以，这天一定不是周日。这样的话，第一个人在说真话（因为的确不是周日），所以第二个人当天必须说的是假话。第二个人说"今天是周一"，但他在说谎，所以这天一定也不是周一。

现在，第二个人说谎称昨天是狮子的说谎日，所以，昨天真正应该是狮子说真话的日子。这句话意味着，"昨天"可能是周四、周五、周六或周日，所以今天是周五、周六、周日或周一。我们已经排除了周日和周一的可能，所以，"今天"一定是周五或者周六。

接下来，我们可以了解到明天是叮当弟说谎的一天（因为第一个人，说真话的这个人是这么说的）。所以，今天就不能是周六。因此，今天是周五。

从这点我们可以更深入地知悉，叮当弟在周六说谎，所以，叮当弟像独角兽一样。第一个人在今天说真话，而今天是周五，这样一来，他是叮当兄。如此，所有问题迎刃而解。

59.

假设第一个人说的是实话，那么拨浪鼓属于叮当弟。第二个人一定是在说谎（因为这天不是周日），所以，他的名字一定不是叮当弟，而是叮当兄。所以，第一个说话的人是叮当弟，应该得到拨浪鼓。

假设第一个人说了谎，那么拨浪鼓属于叮当兄。所以，第二个人说的是真话，他确实是叮当弟。第一个人还是拨浪鼓的主人。因此，无论在什么情况下，拨浪鼓都属于第一个说话的人。

60. _____

这一概率是零!假设他的话是真话,那么,这个拨浪鼓的主人今天是说谎的,所以,说话者不是;另外一种假设,他说的是谎话,那么,拨浪鼓真正的主人今天是说真话的,所以,说话者也不是拨浪鼓的主人。

61. _____

蛋头先生没错!假设说话者在说谎,那么,拨浪鼓的拥有者今天不说真话,他今天说谎,那么就一定是这个说话的人。但假设说话者说的是谎话,那么,拨浪鼓的拥有者今天是说真话。拨浪鼓的拥有者今天的确也是说真话的。如果这天是周内,那么他一定是拨浪鼓的主人;但若是周日,两兄弟在这天都会说真话,所以两个人都有可能是拨浪鼓的主人。

总结一下,若是周内,说话者就绝对是拨浪鼓的主人。但若是周日,两兄弟是主人的概率则相同。所以,说话者是拨浪鼓主人的概率是6再除以7,也就是13/14。

62. _____

这道题的线索在于,爱丽丝知道了应该把拨浪鼓交给谁。若是第二个人回答"是的",那么他们其中一人一定是说真话,而另一人是说谎,那样的话,爱丽丝就没办法知道谁是拨浪鼓的主人了。但我已经告诉你她知道了,那么第二个人的回答就不会是"是的"。所以,两个人都说谎了或者都说了真话。这就意味着他们都说了真话,而且这天一定是周日。所以,爱丽丝把拨浪鼓交给了第一个人。

63. _____

是的,叮当哥必须是存在的,和爱丽丝正在说话的这个人就是他。

说话的人陈述了以下两命题:

(1)他或者是叮当兄,或者是叮当弟。

(2)他今天说谎。

若他的整句陈述为真,那么(1)和(2)都为真,但这样就产生了矛盾。由此可知,他的话都是假的。故而,(1)和(2)不能同时为真。现在,(2)命题为真(因为"他今天说的所有话都是假话"这一事实为真),所以,必定是(1)命题为假。因此,他不是叮当兄,也不是叮当弟,也就是说,他一定是叮当哥。

64. _____

第一个人一定不是叮当哥(因为叮当哥始终说谎),所以,第一个说话的人可能是叮当兄,也可能是叮当弟,而且他在说谎。第二个人也在说谎。如果第二个人是叮当弟或者叮当兄,那叮当兄和叮当弟就在同一天说谎了,这是不可能的。所以,第二个人一定是叮当哥。

65. _____

这个版本的故事是自相矛盾的伪命题!

66.

不管第二个人是谁,他的话都肯定为真(我想笛卡儿已经指出了:任何说自己存在的人都是在陈述一种直观的真命题。当然,我还没见过什么不存在的人)。既然第二句话已经为真,又不是周日,那么第一句话必须为假。所以,若是这个版本的故事是事实的话,叮当哥是不存在的。

关于尾声的解答。

第三个版本的故事明显是假的。而且,没有一个故事是在周六和周日讲的。唯一能确定这四个故事讲在哪些连续的四天里是:第三个版本的故事发生在周三。所以,最后一个版本的故事发生在周四,也就是唯一真实的故事。所以,叮当哥根本不存在(我很确定,顺便说一句,若是叮当哥真的存在的话,刘易斯·卡罗尔先生一定早就知道)!

至于爱丽丝,既然第四个版本的故事是真正发生的,那么爱丽丝应该毫不费力地搞清楚了,所谓的"对叮当哥的恐惧"根本不需要紧张。

第二部分

鲍西娅的匣子和其他奥秘

五、鲍西娅匣子的奥秘

A. 第一个故事。

67a.

在莎士比亚作品《威尼斯商人》中,鲍西娅有三只匣子——分别是用金、银、铅做的,在三只匣子中,有一只匣子中放着鲍西娅的画像。求婚者需要在三只匣子中选择,如果他足够幸运(或者足够聪明)的话,或许能选到那只存放画像的匣子,他就可以娶鲍西娅做自己的妻子。每只匣子上都刻着一句话,帮助求婚者做出明智的选择。

现在,假设鲍西娅想要根据智慧程度而非幸运与否来挑选丈夫。她在三只匣子上刻了以下文字:

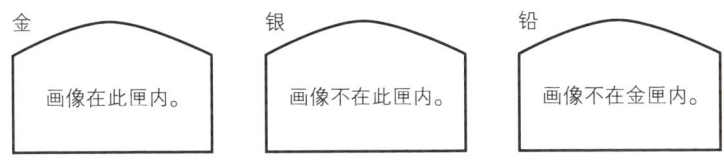

鲍西娅向她的求婚者解释说,这三句话中,最多有一句话

是对的。

求婚者应该选哪只匣子?

67b.

鲍西娅的求婚者选对了,于是,他们成婚了,然后幸福地生活在一起——至少是一阵子。后来,有一天,鲍西娅忽然想到:"尽管我丈夫在选择匣子的时候展示出了那么一点点小聪明,不过,那道题也确实不那么难。无疑,我需要再设计一道更难的谜题,嫁给一个真正有智慧的丈夫。"然后,她立即就和丈夫离了婚,决意要再选一位更聪明的伴侣。

这次,她在三只匣子上刻了以下文字:

鲍西娅向她的求婚者解释说,至少有一句话是对的,也至少有一句话是假的。

哪只匣子里有画像呢?

尾声。

冥冥之中,自有天注定,第一位求婚者竟然是鲍西娅的前夫。他非常聪明,很快解开了这道谜题。所以,他们两人复婚了。丈夫把鲍西娅带回家,把她翻过去按到他腿上,在她屁股上响亮地拍了一下,鲍西娅知错,再也没有产生过什么分开的蠢念头。

B. 第二个故事

事实上，鲍西娅和她的丈夫后来一直幸福地生活在一起。他们有个女儿，叫鲍西娅二世——此文后面皆称作"鲍西娅"。当年幼的鲍西娅长大成人，出落成又美丽又智慧的年轻女子，就像她的母亲一样。她也打算通过匣子谜题来为自己挑选丈夫。求婚者需要通过两道考验难题才能赢得她的芳心。

68a. 第一道测试题。

在这次测试题中，每只匣子盒盖上都有两句话，鲍西娅解释说：每只盒盖上至多有一句话是假的。

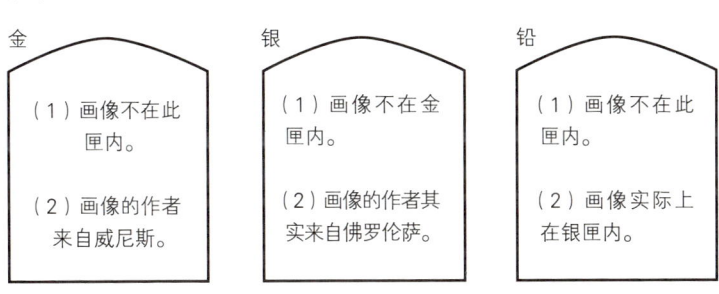

画像在哪只匣子里？

68b. 第二道测试题。

如果求婚者通过了第一道测试，他会被带到另外一间屋子，这里还有三只匣子，在每只匣子上还是刻着两句话。鲍西娅解释说：其中一只匣子盒盖上的字，两句话都是真的；另外一只匣子盒盖上，两句话都是假的；在第三只匣子的盒盖上，有一句话为真，一句话为假。

```
   金                    银                    铅
（1）画像不在此     （1）画像不在金     （1）画像不在此
匣内。              匣内。              匣内。

（2）画像在银     （2）画像在铅     （2）画像在金
匣中。              匣中。              匣中。
```

哪只匣子里面放着画像？

C. 引入贝里尼和切里尼。

上一个故事中的一位求婚者通过了两道测试谜题，成功迎娶鲍西娅，他们从此过上了幸福美满的生活，然后生下一位可爱的女儿，鲍西娅三世——后文称之为"鲍西娅"。当鲍西娅长大成人后，她出落得又美丽又智慧，就像她的母亲和外祖母一样。她也打算用匣子谜题来挑选丈夫。求婚者需要依次通过三道测试题，才能赢得她的芳心！这些测试题设计得十分精妙。她返回到外祖母的方法，只在每只匣子盒盖上铭刻一句话，而不是写两句。但她在老谜题上设计了新花样：她解释说，每只匣子盒盖上的字都是被佛罗伦萨的两位著名工匠（切里尼和贝里尼）之一刻造的。无论何时，切里尼雕刻匣子时，总是会刻出假话，而贝里尼永远只在盒子上刻下真话。

69a. 第一道测试。

在这一不同寻常的谜题前，求婚者（若是他不假思考地盲猜）可能会有三分之二的概率选到答案，而不是之前三分之一的概率。这一次匣中放的不是画像,鲍西娅将一把匕首放到三只匣子中的其中一个里,另外两只匣子是空的。如果求婚者能够避免选中匕首的话,他就可以接受后面的测试。匣子上的字是这样的:

求婚者应该选择哪只匣子呢?

69b. 第二道测试。

在这道测试题中,求婚者的选择概率是二分之一。鲍西娅只用了两只匣子,其中一只匣子内存放着画像(这道测试题中没有匕首)。每只匣子依旧是由贝里尼或者切里尼刻画的。匣子上面的文字为:

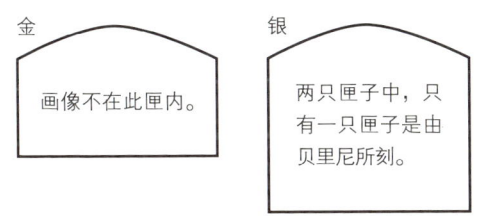

为了找到画像,求婚者应该选哪只匣子?

69c. 第三道测试题。

如果求婚者通过了前两道测试题,他将被引领到另外的房间，里面放着金、银、铅三只匣子。每只匣子依然不是切里尼就是贝里尼装饰的。在这道测试题中，求婚者的概率是三分之一（如果他盲猜的话），鲍西娅用了一张她自己的画像，画像就放在其中一只匣子中。为了通过这道测试题，求婚者需要（1）选出装有画像的匣子；（2）说出每只匣子的制造者是谁。

三个匣子上的文字为：

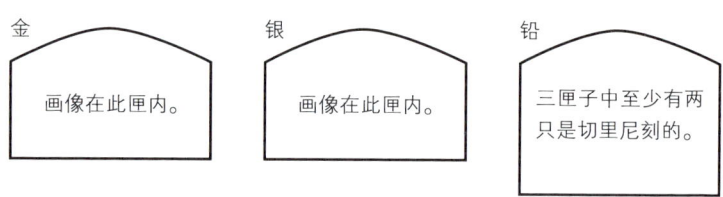

怎么解答这道题？

D. 神秘莫测：哪里出错了？

70.

第四个，也是最后一个故事，最费解伤神了，它体现了逻辑的一条重要基本规则。

上一个故事的一位求婚者通过了三道测试题，幸福地迎娶了鲍西娅三世为妻。他们生了很多孩子，孩子又生孩子……

几代人之后，一位后人在美国出生了。她长得就如同她祖先画像里的人一样，她的名字叫鲍西娅第 N 世，后面就简称她为"鲍西娅"。当这位鲍西娅姑娘长大成人，她出落得又聪慧又美丽——如同其他鲍西娅一样。不过，她要更活泼一些，甚至有点顽皮了。她也决定通过选匣子来决定自己的丈夫（这在现代纽约社会多少有点反常,但这也不重要)。

她采用的测试题非常简单:她只用了两只匣子——金匣子和银匣子,其中一只匣子中放着鲍西娅的画像。两只匣子的盒盖上刻着下面这些文字:

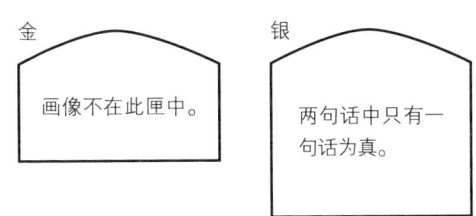

你会选择哪个匣子呢?求婚的男士是这样思考的。如果在银匣上的那句话为真,那么"两句话中只有一句话为真"这一命题为真,这意味着金匣子上的话必定为假。从另一角度想,假设银匣子上的话为假,那么,"两句话中只有一句话为真"这一命题为假,这意味着两句话或者全为真,或者全为假。两句话不可能全为真(因为假设的条件是第二句话为假),所以,两句话都是假话。如此一来,金匣子上的话为假。因此,无论银匣子上的话是真还是假,金匣子上的话都只能是假的,所以,画像一定在金匣子里。

于是,求婚者高兴地宣布:"画像一定在金匣子中。"然后,他打开了盒盖。令他震惊的是:金匣子居然是空的!求婚者惊讶不已,指责鲍西娅戏耍了他。"我还不至于掉价到骗你的地步。"鲍西娅大笑起来,傲慢、轻蔑又洋洋得意地打开了银匣子。自然,画像就在里面。

现在想想,求婚者的思考过程究竟哪里出了差错?

"好啦，好啦！"鲍西娅说着，明显很乐意看到对方这种窘境，"看来你的推理并没给你带来好结果，不是吗？不过呢，你看起来像是位非常有魅力的年轻人，所以，我想我会给你另一次机会的。我真不应该这样做，但我愿意！实际上，我会忘记刚才那道考验，给你一道简单些的测试题，这次你通过考验赢得我芳心的机会不再是二分之一，而是三分之二。这道题很像我的祖先——鲍西娅三世曾经用过的法子。现在，自然你应当能通过这次考验呀！"

如此说着，她引领追求者走进另一房间。屋中摆放有三只匣子——金匣、银匣和铅匣，鲍西娅解释说，其中一只匣子中放有一把匕首，另外两只匣子都是空的。想要赢得佳人，追求者只需选择出其中一只空匣即可。各匣子上刻着如下文字：

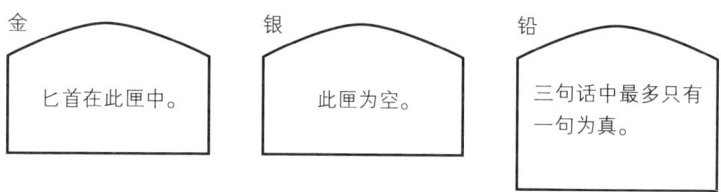

（把这道测试题和鲍西娅三世的第一道相比较！它难道不像完全是同一道题吗？）

这次，追求者非常认真地推理起来：假设第三句陈述为真，那么另外两句陈述皆为假——尤其是第二句陈述为假，如此一来，匕首就在银匣中；另一方面，假设第三句陈述为假，那么必将至少存在两句陈述为真，所以，第一句陈述也为真，在这种情况下，匕首在金匣内。无论哪种情况，铅匣都是空的。

所以，追求者选择了铅匣，打开盖子，让他感到恐惧的是，里面居然有把匕首！鲍西娅开怀大笑，打开另外两只匣盖，都是空的！

我相信读者们会很乐意听说鲍西娅最终还是嫁给了这位小伙子。（早在这些考验之前，她就已经决定好了，这些考验不过是她对他的小小捉弄罢了。）但这仍留给我们一个没有解释的问题：这位追求者的思考过程到底出了什么差错？

解答。

67a.

金匣和铅匣上面的话是刚好相反的，所以两句话中必有一句为真。又因为最多只有一句话是真的，那么，在银匣上的话就是假的，于是，画像实际上是在银匣中。

这道题也可以用下面的方法来解答：如果画像在金匣中，我们就有两句话是真命题（即金匣和铅匣上的话都为真），这和已知条件相矛盾；如果画像在铅匣子中，我们同样得到两句真命题（这次是铅匣和银匣上面的话都为真）。所以，画像一定在银匣里。

两种解题方式都正确，这说明了一个事实，很多问题可以用多种正确方式解答，最终得到的结论都是一致的。

67b.

如果画像在铅匣子里，那么所有三句话都是真的，这和给定的条件相矛盾；如果画像在银匣子里，那么三句话又都是假的，这也和给定的条件相矛盾。所以，画像只能在金匣子里（并且，我们知道前两句话是真的，而第三句话是假的，这符合给定的条件）。

68a.

我们可以首先排除铅匣子，因为如果画像在铅匣里的话，那么盒盖上的两句话都是错的。所以，画像在金匣或者银匣中。现在，金匣子盒盖上的第一句话和银匣子盒盖上的第一句话是符合的，所以，这两句话同时为真，或者同时为假。如果这两句都是假，那么两只匣子上的第二句话就必须同时为真——但两匣盒盖上的第二句不可能同时为真，因为它们相互矛盾。所以，金匣和银匣上的第一句话都为真，于是可知，画像不在金匣中。这就证明出画像是放在银匣中的。

68b.

如果画像在金匣里，那么金匣和银匣两句话都为假；若画像在银匣中，那么银匣和铅匣的盒盖上都有一句话为真，一句话为假。所以，画像在铅匣里（银匣上的两句话为真；铅匣上的两句话都为假；金匣上的两句话一句真，一句假）。

69a.

假设铅匣子是由贝里尼刻的，那么这句话就为真，那么其他的匣子就一定是切里尼刻的。这就意味着其他两句话都为假——尤其需要注意的是，银匣子上的话是假的，那么匕首就在银匣里。所以，如果铅匣是贝里尼的作品，银匣子里放着匕首。

现在，假设铅匣子是由切里尼刻的，那么这句话就是假的，所以，至少有两件作品是由贝里尼刻的。这意味着金匣子和银匣子上面的话都是贝里尼的作品（因为铅匣子的刻字已经假设是切里尼所做）。那么，金匣子和银匣子上面的文字都为真。尤其需要注意的是，金匣子上的话为真。所以，在这种情况下，匕首在金匣子里。

在以上任何情况下，匕首都不可能在铅匣子里，所以，求婚者应该选择铅匣子。

69b.

如果银匣子是贝里尼刻的，那么这句话就是真的，这种情况下，金匣子就对应着切里尼。假设银匣子是切里尼刻的，那么"两只匣子中，只有一只匣子是由贝里尼装饰的"这一命题为假。这就意味着金匣子也是由切里尼装饰的（如果是贝里尼装饰的金匣子，就符合了命题"只有一只匣子是由贝里尼装饰的"）。总结来说，无论银匣子是贝里尼刻还是切里尼刻，金匣子都一定是切里尼装饰的，所以，金匣子上的话一定是假话，因此，画像在金匣子里。

69c.

首先，我们可以得出结论——铅匣子的作者一定是贝里尼。假设铅匣子的作者是切里尼，那么这句话就是假的，也就意味着至少有两只匣子是贝里尼做的，一定是银匣子和金匣子。这是不可能的，因为画像不可能同时存在于金匣和银匣中。所以，铅匣子的制作者一定是贝里尼。所以，匣子上的话为真，于是至少有两人是切里尼。这意味着金匣子和银匣子的制作者都是切里尼。因此，两只匣子盒盖上的话都是假的，画像既不在金匣子，也不在银匣子里。故而，画像在铅匣子里。

而且，我们可以证明，铅匣是贝里尼制作的，而另外两只匣子是由切里尼做的，这样就解答了第二个问题。

70. _____

求婚者应该明白，这两句话的任何一句都没有真假辨别之意，也不包含任何真实性意义，这两句话可以解释成任何意义，而物品（可以是画像，也可以是匕首，具体视情况而定）可能在任何地方。天哪，我当然可以随心所欲地选择匣子的数量，然后将一幅画像放在其中一个里，再在匣子上随便刻下一句话——这些话没有任何意义。因此严格来说，鲍西娅不算作弊，她出的题目是：要找的东西在其中一个匣子里，在每种情况下，事实也的确如此。

画像不在追求者所指的那一只匣子中，这一情况或许和之前任一位鲍西娅故事中的状况都非常不同。若其他故事也出现这种情形，老鲍西娅们中的那个人大概在此之前的某个时候说了假话。

换一个角度来看待这一问题，那就是这位求婚者的错误在于，他认定两句话要么全为真，要么全为假。让我们仔细看一下鲍西娅 N 世所提出的第一道考验。金匣子上写着"画像不在此匣中",这句话自然非真即假,因为肯定会出现画像在此匣中或画像不在此匣中这两种事实。实际上,因为鲍西娅的确是把画像放在银匣中,所以这句话恰巧为真。现在,假定鲍西娅将画像放置到银匣里,银匣上的那句话又是真还是假呢?两者都直接导向悖论!假设这句话为真,两句话只有一句为真,但因为(金匣子上的)第一句话为真,那么这句话为假。所以,若这句话是真的,那它为假。另一方面,假设银匣子上的陈述为假,既然第一句话为真,第二句话为假,这意味着恰好两句中有一句为真,正如第二句所言,因此,第二句话只能是真的。因此,任何一种假设条件下,这句话无论是真或假,都将导致矛盾产生。

将这次考验与鲍西娅三世的第二道测试题(同样也是利用两只匣子出的难题)比较来看,可能对读者有些启发意义。那次谜题中,金匣子上刻着与此次金匣子相同的话——"画像不在此匣内",但银匣子上却不是刻着"两句话中只有一句话为真",而是"两只匣子中,只有一只匣子是由贝里尼所刻"。现在读者也许会感到奇怪,考虑到贝里尼只刻真话而切里尼只刻假话这一条件,这两句陈述难道有什么巨大差别吗?怎么说呢,这其中的差别,看似只差毫厘,实则有根本上的区别。"两只匣子中,只有一只匣子是贝里尼所刻",这句陈述只能是真或假,因为它是对现实世界的历史性陈述——贝里尼做了两只匣子中的其一这件事只能是或者不是事实。在鲍西娅三世的考验中,假设画像最终被发现是在银匣里,而不是在金匣中,你能得到什么结论呢?银匣子上的陈述既不为真也不为假?这可是错误的结论！正如我之前所言，这句话真的不是真就是假。正确的结论应该是这样推导的：如若画像存在于银匣子中，那么鲍西娅三世应该是在解释贝里尼与切里尼两位工匠的风格时说了谎。相比之下，现代鲍西娅将画像放进银匣里，并没有说谎，因为她根本没有事先说明这些话的真假值。

涉及陈述本身真假值的陈述命题的真假值问题，是现代逻辑学中一微妙又基础的方面，在本书后面其他章节中我们还会遇到。

六、来自克雷格探长的案件

A. 来自克雷格探长卷宗的案子。

苏格兰场的探长莱斯利·克雷格友好地同意,公开某些他工作生涯中遇到的案件,给那些对侦破案件的逻辑应用感兴趣的人们提供有益参考。

71.

我们将从一件简单的案子开始。一家商店里的大量货品被盗,罪犯(或者罪犯们)用小汽车运走了被盗财物,三位著名的嫌疑犯 A、B 和 C 被带到苏格兰场进行盘问。可以确定的是以下事实:

(1) 在这次盗窃中,除了 A、B、C 三人,无其他人牵涉其中。
(2) 如果没有 A(A 的同伙也可以是其他人)作同伙,C 不会独自作案。
(3) B 不会开车。

请问,A 是否有罪?

72. _____

在另一简单案例中，同样是盗窃，A、B、C三人被带到警局进行审问，可以确定的是以下事实：

(1) 除A、B、C三人外，无其他人涉案。

(2) 没有至少一人作同伙的话，A从不动手。

(3) C是无罪的。

B是无辜，还是有罪？

73. _____

长相相同的孪生兄弟案例。

这是件更有趣的案子。盗窃案发生在伦敦，有三位著名的嫌疑犯A、B、C被逮捕进行审问。现在，A和C两人恰巧是长相几乎相同的双胞胎，几乎没人能分得清两人谁是谁。警方有三位嫌疑人详尽的个人信息记录，也熟知他们各自的性格和习惯。需要特别注意的是，双胞胎兄弟非常胆小，所以，如果没有同伙的话，他们任何一人都不会单独作案。而嫌疑犯B则相反，他胆大包天，不屑与人一起合伙作案。同时，很多目击者可以证实，在盗窃案发生的同一时间，有人在多佛的一间酒吧里看见了孪生兄弟中的一人，但无法确定酒吧中这人是双胞胎中的哪一位。

我们再次假设，这件盗窃案除了A、B、C三人，没有其他人涉案，请问，谁无罪，谁有罪？

74.

"你能从这四句陈述中得出什么结论?"克雷格探长问麦克弗森巡佐。

(1) 若A有罪,B无罪,那么C有罪。

(2) C从不单独作案。

(3) A从不和C同伙。

(4) 此案除A、B、C三人外,无其他人涉案,三人中至少有一人有罪。

巡佐挠了挠头,说:"恐怕没什么结论,长官。你能从这些陈述中发现谁无罪,谁有罪吗?"

"不能,"克雷格说,"但已经有足够的信息可以确定,三人中的一人是有罪的。"

谁是必定有罪的那个人?

75.

麦格雷戈商店失窃案。

麦格雷戈先生是伦敦一位商店主,他打电话向苏格兰场报警,说他的商店被盗了。A、B、C三位嫌疑犯被逮捕进行审问。可以明确成立的事实如下:

(1) A、B、C三人都曾在失窃案发生当天去过该商店,当天商店并没有其他顾客。

(2) 若A有罪,那他还有一位同伙。

(3) 若B无罪,那么C也无辜。

(4) 若两人有罪,那么A必定是二者之一。

(5) 若C无辜，那么B也无辜。

克雷格探长能得出什么结论？

76.

案例四。

这次有四名嫌疑犯，A、B、C和D因为一起盗窃案被羁押受审。可以确定的是，至少一名嫌疑犯有罪，除了这四人外，此案没有牵涉其他人。下面是出现的事实：

(1) A绝对是无辜的。

(2) 若B有罪，那他必将只有一位同伙。

(3) 若C有罪，那他必将有两位同伙。

克雷格探长尤其想弄清楚D是否有罪，因为D本人是特别危险的罪犯。幸运的是，以上事实足以推断出这点。请问，D是否有罪？

B. 你能解出这道难题吗？

克雷格探长经常去旁听法庭案件的庭审，即使有些案件他并未参与，他也会去。他这样做只是为了锻炼自己的逻辑推理能力，看看能用自己的逻辑解出多少难题。以下是他观察到的某些案件。

77.

愚蠢的被告辩护律师案件。

一人涉嫌参与盗窃案。原告和被告的辩护律师做出如下陈述：

原告：如果这位嫌疑犯有罪，那他有一名同伙。

被告辩护律师：这不是真的！

为什么说被告辩护律师的这句话是最糟糕的？

78. _____

这一案件和下一案件都同时关于 A、B、C 三人涉嫌盗窃案的审理过程。

此案中，有两项事实可以确定：

(1) 若 A 无罪或 B 无罪，那么 C 有罪。

(2) 若 A 无罪，那么 C 无罪。

是否能推断出三人中的一人必有罪？

79. _____

此案中，以下事实成立：

(1) 三人中至少一人有罪。

(2) 若 A 有罪且 B 无罪，那么 C 有罪。

这些证据不足以判定三人中任何一人有罪，但能锁定三人中的两人，这二人中必定至少有一人有罪。这两人是谁？

80. _____

在这件有趣的案件中，有四位被告——A、B、C、D，以下四项事实成立：

(1) 若 A 和 B 都有罪，那么 C 是同伙。

(2) 若A有罪，B和C中至少一人是其同伙。

(3) 若C有罪，那么D是同伙。

(4) 若A无罪，那么D有罪。

请问谁绝对有罪，谁是无法判断是否有罪的?

81. _____

此案仍然事关四位被告A、B、C、D。以下事实成立：

(1) 若A有罪，则B为同伙。

(2) 若B有罪，那么或者C是同伙，或者A无罪。

(3) 若D无罪，那么A有罪且C无罪。

(4) 若D有罪，A也有罪。

请问，什么人无罪，什么人有罪?

C. 六件奇案。

82. _____

如此说，明智吗?

在一座小岛上，一人涉嫌犯罪。现在，法庭知道这位被告是在附近一座骑士和流氓并存的小岛上出生、长大的。（我们可以回想起来，骑士永远说真话，流氓一直说假话。）法官允许被告用一句话为自己辩护，他沉思片刻，说出这句："这件案子的罪魁祸首实际上是位流氓。"

他如此说，明智吗? 这句话能帮他脱罪，还是让他陷于囹圄? 还是没什么用的废话?

83. 未知身份的原告方。

另外一件案子中,有两位该岛居民涉嫌犯罪成为被告方。现在,这件案子最棘手之处在于:原告本人可能是骑士,也可能是个流氓。他在法庭上做出如下陈述:

(1) X 有罪。

(2) X 和 Y 不是都有罪。

倘若你在陪审团,你能从他的陈述中得到什么讯息?你能否得到 X 或 Y 是否有罪的结论?你对这位原告的身份有何见解?

84.

上面这件案子,假设原告方不是说了以上的话,而是做出如下两句陈述:

(1) X 或者 Y 是有罪的。

(2) X 不是有罪之人。

你能得出什么结论?

85.

同样的情况,假设原告方不是说了以上的话,而是做出如下两句陈述:

(1) 或者 X 无罪,或者 Y 有罪。

(2) X 有罪。

你能得出什么结论?

86.

这次，案件发生在骑士、流氓和凡人都生活的那座岛上。我们能记得，骑士永远只说真话，流氓只说假话，而凡人有时说真话，有时会说假话。

该岛三位居民 A、B、C 被指控涉嫌犯罪。据了解，三人中只有一人实施了犯罪行为。另外，我们已知这起犯罪的嫌犯是位骑士，而三人中只有一位骑士。三位嫌疑犯做出如下陈述：

A：我是无辜的。

B：是真的。

C：B 不是凡人。

谁有罪呢？

87.

这一次，这件最有趣的案子和先前的案子似乎雷同但又十分迥异，这起案件发生在有骑士、流氓和凡人的岛上。

在这起案件中，关键人物是被告、原告和被告的辩护律师。第一件棘手的事情是：已知他们中一人是骑士，一人是流氓，一人是凡人，但我们不知道这三人的身份如何对应。更让人费解的是，法庭已知倘若被告方无罪，那么有罪的或者是辩护律师，或者是原告。已知有罪的人不是流氓。上述三人做出如下陈述：

被告（A）：我是无辜的。

辩护律师（B）：我的客户的确是无辜的。

原告（C）：不对，被告有罪。

这些话说出口看似相当自然。陪审团开会讨论，但没有得出什么结论，上面的这些证据不足。现在设想，这座岛在当时隶属于英国，当地政府联系了苏格兰场，请求中央警方能派克雷格探长帮助审理此案。

几周后，克雷格探长来到该岛，此案重新开庭审理。克雷格对自己说："我一定要弄清事实真相！"他不仅仅想要知道谁是有罪的，而且想要区分出谁是骑士，谁是流氓，谁是凡人。所以，他打算尽量少地提问就弄清楚问题的答案。首先，他问原告："你有没有可能是有罪的那人？"原告方回答了一句。克雷格探长想了一会儿，又问了被告："原告有罪吗？"被告回答了一句，克雷格探长便知道了所有真相。

谁有罪，谁是凡人，谁是骑士，谁是流氓呢？

解答。

71.

首先，我们可以肯定地说，至少 A 或者 C 有罪。如果 B 无罪，那么很明显，A 和（或者）C 有罪，因为陈述（1）已说明，此案除了 A、B、C 三人，没有其他嫌疑人。如果 B 有罪，那他必定有一同伙（因为他不会开车），所以，A 和（或）C 必定有罪。因此可得结论：A 或 C（也可能两者皆是）有罪。若 C 无辜，那么 A 必定有罪。从另一方面讲，若 C 有罪，那么根据陈述（2）可知，A 也有罪。因此无论如何，A 都有罪。

72.

这件案子更简单了。若 A 无罪，那么 C 无罪，根据陈述（1）可知，B 肯定有罪。若 A 有罪，那么依据陈述（2），他必定有一同伙，又从陈述（3）可知同伙不可能是 C，所以，这位涉案同伙一定是 B。无论哪种情况，B 都有罪。

73.

假设 B 无罪。那么双胞胎之一必定有罪。这两位双胞胎之一的嫌疑犯一定有一同伙，而 B 不可能是其同伙，所以，同伙一定是他的双胞胎兄弟。但这不可能，因为在案发同时，双胞胎中的一人在多佛的酒吧。所以，B 有罪。而因为 B 向来单独行动，因此双胞胎两人都是无辜的。

74.

B 必定有罪。以下两方面的论据足以证明这点。

论据 1：假设 B 无罪。若 A 有罪，那么根据陈述（1）可知，C 必定有罪，但这意味着 A 和 C 是一起作案的，这与陈述（3）有矛盾，所以，A 一定无罪。于是，C 是唯一有罪的人，这与陈述（2）相矛盾，因此，B 有罪。

论据 2：下面是一项更直接的论据：

（a）假设 A 有罪，根据陈述（1），B 和 C 不可能全部无罪，因为 A 必定有个同伙。根据陈述（3），这名同伙不可能是 C，所以只能是 B。因此，若 A 有罪，则 B 必有罪。

（b）假设 C 有罪，那么根据陈述（2）可知，他必定有一同伙，由陈述（3）可知，这名同伙不可能是 A，可以肯定是 B。

（c）假设 A 和 C 都无罪，那么 B 一定有罪。

75.

克雷格探长可以得出这样的结论——麦格雷戈先生报了假警，谎称自己商店失窃，事实上，根本就不可能发生这么一桩盗窃案！推理过程如下：

第一步：假设 A 有罪，那么根据陈述（2）可知，他有一同伙。B 和 C 两人中一人有罪，一人无辜，这与陈述（3）和陈述（5）相矛盾。结合起来可推断出：B 和 C 要么都有罪，要么二人都无罪。所以，A 必定无罪。

第二步：根据陈述（3）和陈述（5），B 和 C 两人皆有罪或者都无罪（因为 A 无罪）。若两人都有罪，那 B 和 C 就是有罪的两个人。如此，就恰好有两名罪犯，根据陈述（4），可推导出 A 也有罪，这是矛盾的，因为 A 无罪，所以，B 和 C 两人也都无罪。

第三步：现已证实 A、B、C 三人都无罪。而根据陈述（1）可知，商店失窃当天除了 A、B、C 三人有机会进行偷盗外，没有其他人进入过商店，因此，根本没有发生什么盗窃，麦格雷戈先生说了谎。

尾声。

在克雷格探长不可辨驳的逻辑推理面前，麦格雷戈先生瘫软下来，承认自己的确说了谎，他这样做是为了骗取保险赔偿金。

76.

若B有罪,根据陈述(2)的事实,此案恰有两人牵涉其中;若C有罪,根据陈述(3)的事实,此案恰有三人参与。这种假设不可能同时成立,因此B和C两人中至少有一人无罪。A可以确定是无罪的,所以,最多只有两人是有罪的。由此可知,C不可能恰好有两名同伙,所以C无罪。如果B有罪,而B恰好只有一名同伙,此人一定是D(因为A和C都无罪)。若B无罪,那么A、B和C都是无辜的,这种情况下,D必定有罪。无论B是否有罪,D都有罪,因此,可推断出嫌疑犯D有罪。

77.

事实上,原告的话只意在说明:被告不是单独作案的。被告的辩护律师却否认了对方的话,这就无异于直接承认了:被告是单独作案实施盗窃的。

78.

这道题极其简单。根据陈述(1),若A无罪,那么C有罪(因为若A无罪,那陈述"若A无罪或B无罪"便为真)。根据陈述(2),若A无罪,则C也无罪。所以,若A无罪,C又有罪又无罪,这是不可能的。故此,A必定有罪。

79.

这两人是B和C,二人中至少有一人有罪。假设A无罪,那么根据陈述（1），B或C必定至少有一人有罪。另一方面，假设A有罪，若B有罪，那就可以肯定地说B和C二人中至少有一人有罪。但假设B无罪，那么A有罪且B无罪，根据陈述（2），C必定有罪，还是"B、C二人中至少有一人有罪"。

80. _____

我们首先来看，若A有罪，C便也有罪，所以，我们不妨先假设A是有罪的。根据陈述（2），B和C中至少有一人有罪，若B无罪，那么有罪之人必是C；但若B有罪，根据陈述（1），当A和B都有罪时，C也有罪。这就证明了：若A有罪，则C便也有罪。在根据陈述（3），若C有罪，则D也有罪。根据这两个事实，我们能得出结论：若A有罪，D就有罪。但根据陈述（4），若A无罪，那么D有罪。所以，不论A是否有罪，D都有罪。所以，可以确定D绝对有罪，其余人则无法判断。

81. _____

答案是：所有人都有罪。根据陈述（3），若D无罪，则A有罪。根据陈述（4），若D有罪，则A有罪。所以，不管D有罪与否，A必定有罪。于是，根据陈述（1），B也有罪。根据陈述（2），或者C有罪或者A无罪。不过，我们已经知道A不是无辜的，所以，一定是C有罪。最后，根据陈述（3），若D无罪，则C无罪。我们已经证明出C有罪，所以，D也有罪。所有被告都有罪。

82.

是的，这句话十分明智，从这句话可以判他无罪。假设被告是位骑士，那他所言都为真，而有罪的人是个流氓，所以被告必定无罪；另一方面，假设被告是流氓，那他说的话为假，实际上罪犯应是位骑士，被告依然是无辜的。

83.

假设原告方是位流氓，这时，陈述（1）和陈述（2）都是假话，既然陈述（1）为假，所以，X无罪。因为陈述（2）为假，那么X和Y都有罪——即X有罪，这就形成了矛盾。所以，原告只能是位骑士。由此，X是有罪的，而他们两位被告不是都有罪，Y必定无罪。因此，X有罪，而Y是无辜的，原告本人是位骑士。

84.

若原告方是个流氓，就会出现这两个事实：（1）X和Y两人都无罪；（2）X有罪。这又出现了矛盾。因此，原告是位骑士，X无罪，Y有罪。

85.

仍然先假设原告方是个流氓，那么陈述（1）为假，X有罪，而Y无罪，得出X有罪的结论。但陈述（2）也为假，X是无辜的，另一矛盾就出现了。由此可知，原告方仍然是位骑士。所以，根据陈述（2），X有罪。再根据陈述（1）（既然X不是无辜的），Y 必定有罪。因此，这一次，X 和 Y 两人都有罪。

86. _____

A 不可能是骑士，因为假如他是，他是有罪的，他就不会说谎说自己是无辜的。同样的道理，A 也不可能是流氓，假如他是流氓，他的陈述为假，那么他就有罪，有罪的人是骑士，他便又是骑士。所以，A 是凡人，也就是无辜的。由此可知，B 必定不是流氓，他或者是骑士，或者是凡人。假设 B 是凡人。那么 C 的陈述为假，C 就是个流氓或者凡人。这意味着 A、B、C 三人中没有人是骑士，没有人有罪，这一结论与给出的条件相矛盾。因此，B 不是凡人，他只能是骑士，而且有罪。

87. _____

在克雷格探长到来之前：首先，A 不可能是流氓，因为倘若他是流氓，他说的话必定是假话，那他就是有罪的，这和给出的已知条件"有罪的人不是流氓"相矛盾，所以，A 可能是骑士，也可能是凡人。

推测一：A 是骑士的话，他的话为真，所以，他是无辜的。那么 B 的陈述也为真，所以，B 是骑士或者凡人。A 既已假设为骑士，则 B 是凡人。于是只有 C 可能是流氓。根据给出的条件，流氓是无罪的，所以，B 有罪。

推测二：A 是凡人，并且无辜。B 的话也为真，所以 B 是骑士（在既定 A 是凡人的条件下）。所以，A 是无辜的，C 是流氓，也是无辜的，B 便有罪。

推测三：A 是凡人，并且有罪。这样一来，原告的陈述为真，他必定是个骑士（因为 A 已假定为凡人）。于是 B 只能是流氓。

让我们总结一下这三个推测的结论：

	（1）	（2）	（3）
被告（A）	无罪 骑士	无罪 凡人	有罪 凡人
被告的辩护律师（B）	有罪 凡人	有罪 骑士	无罪 流氓
原告（C）	无罪 流氓	无罪 流氓	无罪 骑士

在克雷格探长到来之前，这三个推测都和所有陈述相符。

克雷格探长到来之后，问了原告是否有罪。现在，探长已经知道原告是无罪的（因为在三个推测中，原告都是无罪的），所以原告的回答能够让克雷格探长知道，原告是骑士还是流氓。假设他的回答是"不是"，这样就显示出原告本人是骑士，如此一来，克雷格探长就可以知道，推测（3）是事实，那么他就不需要再额外问其他问题了。但在原告回答完之后，克雷格探长又向别人提问了，所以，原告一定是个流氓，回答了"是的"。由此，现在克雷格探长（同样包括读者朋友）知道了推测（3）不必再考虑了，只剩下推测（1）和推测（2）。这意味着被告的辩护律师实际才是有罪的那人，但到目前为止，还没有厘清被告和辩护律师谁是骑士谁是凡人。克雷格探长又问了被告"原告有罪吗"，在原告回答这一问题后，探长知道了所有真相。此时，对这一问题，骑士的回答将是"没有"，而凡人的回答可能是"有"，也可能是"没有"。如若被告的回答是"没有",那克雷格探长便无法知道被告是骑士还是凡人。但克雷格探长知道了真相,也就是说,他得到了"有"这一回答。由此可知,被告是凡人,而被告的辩护律师是骑士(尽管是骑士,他仍有罪)。

七、怎样避开狼人以及其他实用建议

相比之前的娱乐性内容，本章的内容更多地涉及实用层面。生活中有很多状况都需要我们多一些智慧，慎重抉择。我将分步骤、详细地教给你们这些：（A）如何在森林中避开狼人；（B）怎样挑选新娘；（C）在法庭上如何为自己辩护；（D）如何迎娶国王的女儿。

当然，我不能完全保证你真能面对这些情形，但正如白骑士向爱丽丝那充满智慧的建言——为任何可能做好准备，总归是好的。

A. 如何在狼人森林中求生？

假设你造访一处森林，这里的所有居民不是骑士，就是流氓（我们还记得骑士总是说真话，而流氓永远说假话）。除此之外，有些居民是狼人，他们有着糟糕的习惯，那就是会在夜晚变成恶狼，吞噬掉人类。狼人也同样，要么是骑士，要么就是流氓。

88.

你遇到了三位居民，A、B和C，已知三人中恰好有一位是狼人。三人做出如下陈述：

A：C是狼人。

B：我不是狼人。

C：我们中至少有两个人是流氓。

我们的问题分为两步：

（a）狼人是骑士，还是流氓？

（b）如果你只能选其中一人作为你的旅行同伴，相比此人是不是流氓，更重要的是，此人不能是狼人，你会选哪个人同行？

89.

还是A、B、C三人，有骑士有流氓，只有一位是狼人。他们说了下面的话：

A：我是狼人。

B：我是狼人。

C：我们三人最多只有一位骑士。

请详细区分A、B、C三人的身份属性。

90.

在这一问题和接下来的两个问题中，都是有三位当地居民A、B、C，他们每人不是骑士就是流氓。三人中只有两人A和B做出陈述。但在他们的陈述中，"我们"一词是指A、B、C三人，而不仅仅指A和B两人。

假设 A 和 B 做出如下陈述：

A：我们三人中至少有一人是骑士。

B：我们三人中至少有一人是流氓。

已知他们中间至少有一人是狼人，并且没有人既是骑士又同时是狼人，哪些人是狼人呢？

91. _____

这次，我们得到如下陈述：

A：我们三人中至少有一位流氓。

B：C 是骑士。

已知只有一位狼人，而且这位狼人是骑士，谁是狼人呢？

92. _____

这一场景中，我们遇到下面两句陈述：

A：我们三人中至少有一位流氓。

B：C 是狼人。

同样的，仍然只有一位狼人，而且这位狼人是骑士，谁是狼人？

93. _____

这一问题中，我们已知三人中只有一位狼人，这个狼人是骑士，另外两人都是流氓。现在，只有三人中的一人 B 说了这句话："C 是狼人。"

谁是狼人？

94.

这有一道相对简单的题，只有两位 A 和 B 居民，二人中只有一人是狼人。两人做出如下陈述：

A：狼人是骑士。

B：狼人是流氓。

你会选择哪个人作为旅行的同伴？

B. 如何赢得姑娘芳心以及如何挑选新娘？

95.

你要如何说服她？

假设你是骑士与流氓岛的居民，你爱上了岛上的一位姑娘，想要娶她为妻。可是，这位姑娘有些奇特的癖好，出于某种奇怪的理由，她不想嫁给骑士；她只想嫁给流氓，而且，她只想嫁给富有的流氓，不嫁穷光蛋。（为方便，我们先假设在该岛上的每个人都可以被分类成贫穷或富有。）假设，实际上你就是个富有的流氓，允许你只对她说一句话，你如何只用一句话说服她，让她相信你是富有的流氓？

96.

假设，相反，你爱的女孩只想嫁给一位富有的骑士，你如何只用一句话说服她，让她相信你是富有的骑士？

97. _____

如何选择新娘？

这次，你是位造访骑士与流氓岛的客人。岛上的所有女性不是骑士就是流氓。你爱上了那里的一位姑娘——她叫伊丽莎白，你正打算迎娶这位佳人。不过，你很想知道你将迎娶的是怎样的人；你不想要个流氓为妻。若你可以直接问她，这当然不是什么问题了。但岛上有条戒律必须遵守——男人不可以询问岛上的任何女性，一旦开口问就必须娶她。好在伊丽莎白有个哥哥，名为亚瑟，他同样或者是骑士，或者是流氓（但不一定和他妹妹一样）。允许你向这位哥哥问一句话，但这句话只能用"是"或者"不是"来回答。

你的问题是，怎样提出这样一个问题，能从这个问题的答案中确切得知伊丽莎白是骑士还是流氓。你会怎么问？

98. 如何在巴哈瓦岛上挑选新娘？ _____

这次，你到巴哈瓦岛上拜访，岛上有总是说真话的骑士，有一直说假话的流氓，还有时而说真话时而说谎的凡人。我们可以回想起来，巴哈瓦岛上的居民全是女性解放者，所以，这里的所有女性都是骑士、流氓和凡人。因为你是外来人，因此你不必遵守"骑士只能与骑士通婚，流氓只能与流氓通婚"这一政令，你可以自由选择想迎娶的姑娘。

现在，你准备从三姐妹 A、B、C 三人中选一人做妻子，已知其中一人是骑士，一人是流氓，另外一人是凡人。而且已知（令你心惊胆战！）凡人的那位姑娘是狼人，另外两位不是。现在，让我们假设，你不介意自己娶的是骑士还是流氓，但娶一位狼人可就太离谱了！允许你随意从三人中选出一人问一个问题，但这个问题必须用"是"或"不是"来回答。

你会怎么问？

C. 是的，你是无辜的，但你怎么自证清白？

你现在遇到一系列有趣的难题，它们发生在骑士、流氓和凡人生活的岛上。现在，你也是岛上的一员。

岛上发生了一起犯罪，出于某些奇怪的原因，警方怀疑你是罪犯，你被带到法庭进行审问。允许你用一句话为自己辩护。你的目的是说服陪审团相信你是无罪的。

99._____

假设已知真正的罪犯是流氓，假设你也是流氓（但法庭并不知道这点），但在这件案子中你绝对是无辜的，允许你只说一句话。你的目的是既要让陪审团知道你是个流氓，也要使他们确信你在这件案子中是无辜的。你该如何说？

100._____

假设同样的情形下，你是有罪的那人。你该说什么话来让陪审团（假设他们绝对理智）相信你是无辜的？

101._____

在这一问题中，假设罪犯是骑士。（这里没有什么矛盾，一个人想要犯罪的话，没必要一定说假话。）假设你恰好是一位骑士（但陪审团不知道），在此案中又是无辜的。你该说什么话？

102._____

这里有道更难的问题。这个问题中，假设已知罪犯不是凡人，他可能是骑士或者流氓。你是无辜的。从你的角度，不论你是骑士也好，流氓也罢，或者是凡人，你该说什么话能让陪审团相信你是无辜的？

103._____

这里有道更简单的题。已知罪犯不是凡人。你也不是罪犯，但你是凡人。你要如何说服陪审团，使他们相信你是无辜的，而同时，这句话是无辜的骑士和流氓都不会说的话？

104._____

有一道更有趣的难题。同样的，已知罪犯不是凡人，我们假设：（1）你是无辜的；（2）你不是流氓。你是否能用一句话同时让陪审团知道以上关于你的两点事实呢？

105._____

上述难题有一雷同的问题：假设，同样的，有罪之人不是凡人，你是无辜的，但不是骑士。假设出于某种奇特的原因，你不介意别人将你视作流氓还是凡人，但你讨厌骑士。你能否用一句话说服陪审团，使他们相信你是无辜的，而且不是骑士？

D. 怎样迎娶国王的女儿？

现在，我们将讨论的话题是我保证你们迫切等待的那个哦！

106. _____

你是骑士、流氓和凡人岛上的居民，你爱上了国王的女儿玛戈西塔，想要娶她为妻。现在，国王不想将女儿嫁给凡人。他对她说："亲爱的孩子，你知道吗，你真的不能嫁给凡人。凡人真是太狡诈了，又那么善变，完全不可靠。和凡人在一起，你永远都不知道自己所处的情况是怎样：这天他和你说真话，改天他又要拿谎话来诓你，这对你有什么好处？所以说，骑士完全可靠，和这样的人在一起，你永远知道自己的处境。流氓也不错，因为无论何时，他说的话你只要按照相反的意思去理解就行了，你还是能知道他的真实意图。更何况，我认为，一个男人必须要坚持自己的立场原则，如果一个人以说真话为信念，那就让他永远说真话；如果一个人相信谎言也好，那就至少让他能坚持下去。至于那些摇摆不定的凡人就算了——我亲爱的孩子，他们不适合你！"

现在，假设你实际上不是凡人，所以你有机会迎娶心上人，但你必须说服国王，让他相信你不是凡人，否则，他是不会允许你娶他女儿的。现在，国王允许你觐见，并允许你随自己心愿做多次陈述。这个问题包含两部分内容：

（a）你能说服国王，使他相信你自己不是凡人的真话陈述最少是几句？

（b）你能说服国王，使他相信你自己不是凡人的假话陈述最少是几句？

107. _____

在另外一座骑士、流氓和凡人岛上，国王则是相反的想法。他这样对女儿说："亲爱的孩子，我不想你嫁给骑士或者流氓，我想把你嫁给一位可靠的凡人。你不会愿意嫁给骑士的，因为骑士们都太故作高尚一本正经了；你也不会愿意嫁给流氓的，因为流氓们太阴险狡诈了。我亲爱的孩子，一位优秀的传统平庸凡人正是你的良配！"

假设你是这座岛上的凡人，你的任务就是要说服国王令他相信你是凡人：

（a）你能说服国王，使他相信你自己是凡人的真话陈述最少是几句？

（b）你能说服国王，使他相信你自己是凡人的假话陈述最少是几句？

108. _____

这有一道比上面问题更加复杂的问题。这个问题的答案包含了上一个问题的答案（尽管不一定是复杂的），但上面问题的答案也无法完全解决这个问题。

同样的，你是骑士、流氓和凡人岛上的一位凡人，仍然是有国王想把女儿嫁给凡人，但他需要这位凡人能证明自己有卓越的才智。想要迎娶他的女儿，你需要在觐见国王时只说一句话，但这句话要同时满足以下两条要求：

(1) 这句话要让国王知道你是凡人。

(2) 这句话要让国王无从知道你所言为真还是假。

这要如何办到？

解答。

88.

C 不是骑士，就是流氓。假设他是骑士，那么就真的至少有两位流氓，A 和 B 就一定是流氓了。B 肯定是狼人（因为他说他不是狼人，而他又是流氓）。所以，如果 C 是骑士，那么狼人是流氓（而且一定就是 B）。另一方面，假设 C 是流氓，所以，最多只有一位流氓，这位流氓就一定是 C 本人，因此 A 和 B 都是骑士。既然 A 是骑士，而且他说 C 是狼人，那么 C 就真的是狼人。在这种情况下，狼人也是流氓，这种假设下，狼人是 C。

总之，无论 C 是骑士还是流氓，狼人都是流氓（只是不同假设的情形下狼人是不同的人）。所以，第一个问题的答案是：狼人是流氓。同样，我们还证明了狼人不是 B 就是 C，因此，若是你要选择一位绝对不是狼人的同伴，那就选 A。

89.

我们首先可以判断出 C 是骑士。假设他是流氓，那他的陈述必定是错的，那样的话就有至少两位骑士，A 和 B 就只能同时是骑士了（因为 C 已经被假设是流氓了），这意味着他们两人的话都为真，他们就都是狼人，这与问题给出的条件相矛盾。所以，C 只能是骑士。那么就剩至少两位流氓了，就一定是 A 和 B。于是，因为他们的陈述为假，所以，A 和 B 都不是狼人，狼人只能是 C。由此可知，C 是骑士，同时也是狼人；A 和 B 都是流氓，两人都不是狼人。

90._____

如若 B 是流氓，那么就真的有"三人中至少有一人是流氓"的事实，所以，B 的陈述为真，且流氓不会说真话。所以，B 只能是骑士。这样一来，A 的陈述也为真，所以，A 也是骑士，因此，A 和 B 都是骑士。又因为 B 是骑士，他的陈述都为真，所以至少真的有一位是流氓，这位流氓只能是 C。所以，C 是流氓，唯一的狼人。

91._____

和上一问题中 B 肯定是骑士一样，这里的 A 一定是骑士。假设若 A 是流氓，那么"三人中至少有一位流氓"就是真的事实，得到是流氓做出真话陈述这一结论，所以，A 是骑士，他的陈述为真，由此可知，的确存在至少一位流氓。若 B 是骑士，那么 C 也得是骑士（由 B 的话可知），结果是有三位骑士了。但 A 已经将真话说在前——三人中至少有一位流氓，所以，B 必定是流氓。又由 B 说 C 是骑士可知，C 的真实身份是流氓。所以，A 是唯一的骑士，因此，他就是狼人。

92.

同样的道理，根据 A 的描述，A 一定是骑士，而且至少有一人是流氓。若 B 是骑士，那么 C 将是狼人，也同样是骑士，我们就有了三位骑士，因此，B 是流氓。C 也不是狼人。而 B 也不可能是狼人（因为我们已知狼人是位骑士），所以，仍然是 A 为狼人。

93.

若 B 是骑士，那么 C 将是狼人，同时也是位骑士，我们就有了两位骑士。所以，B 只能是流氓。因此，C 也不是狼人。而作为流氓的 B，也不是狼人。所以，这次依旧是 A 为狼人。

94.

你应该选 B。假设 B 是骑士，他的陈述即为真，狼人便是流氓，所以 B 本人不会是狼人。假设 B 是流氓，那他的陈述就为假，这也就意味着真正的狼人是骑士，所以，B 本人也不是狼人。

95.

你只需要说一句："我是个贫穷的流氓。"她立即就会知道你不是骑士（因为骑士不会说谎，不会说他自己是穷流氓的），所以，你一定是流氓。又因为你的陈述为假，所以，你不是贫穷的流氓。但你又是流氓，因此，你一定是富有的流氓。

96. _____

你应该说:"我不是穷骑士。"她会如此思考:如若你是流氓,那你的确不是穷骑士,这样一来,你的话就为真了,那就相当于让流氓说真话,所以,你应是骑士。如此一来,你的话为真,所以你不是穷骑士。但你是骑士,因此,你必定是富有的骑士。

97. _____

这个问题有很多答案。我能想到最简单的是,你可以这样问:"你和伊丽莎白是同一类别的吗?"有趣的是,如果他的回答是"是",那么伊丽莎白一定是骑士,不论哥哥是骑士还是流氓;而如果他的回答是"不是",那么伊丽莎白一定是流氓,不管她哥哥是哪类的。让我来证明这点吧。

假设他回答"是"。现在,哥哥或许是骑士,或许是流氓。若他是骑士,他所说的伊丽莎白和他是同一类别就为真,伊丽莎白便一定是骑士。若他是流氓,那他的回答为假,所以实际他和伊丽莎白是不同类型,这意味着伊丽莎白仍是骑士。因此,如果亚瑟的回答是"是",伊丽莎白就是骑士。

假设亚瑟的回答是"不是"。若他是骑士,那么他说的是真话,又因为他同伊丽莎白是不同类型的,所以,伊丽莎白必定是流氓。如果他是流氓,那他所言为假,这样,他与伊丽莎白实际属于同一类型,伊丽莎白依然是流氓。所以,如果他回答"不是",那么伊丽莎白就是流氓。

98.

同样,这道题有多种答案。我知道的最简洁巧妙的解决方式是,挑选其中一人——就比方说选 A 吧,问她:"B 的级别是不是比 C 低?[①]"

假设 A 的回答是"是",那么你就可以挑选 B 作为新娘,理由如下:假设 A 是骑士。B 实际上真的比 C 级别低,那么 B 是流氓,而 C 是凡人。这种情况下,B 不是狼人(因为 C 是)。假设 A 是流氓。那么实际上 B 的级别要比 C 高,这意味着 B 是骑士,而 C 是凡人,所以,这次 B 也不是狼人。假设 A 是凡人,那么 B 自然也就不是狼人,因为 A 是。所以,不论 A 是骑士、流氓,还是凡人,只要你的问题下,A 的回答是"是",那么你就选 B 做你的新娘。

如果你得到的答案是"不是",那么出于上述同样的理由,你可以肯定 C 的级别比 B 低,而不是 B 的级别比 C 低,这种情形下,你要选 C 做你的新娘。

99.

让你可以无罪的一句话是:"我有罪。"作为流氓的你,说了这么一句,这句话自然就是假话,这句话会帮你脱罪,因为陪审团的正确推理过程应该是:若你真的有罪,你必须是个流氓(因为已知罪犯是个流氓了),但你这样一个流氓,就说了真话。所以,这种你有罪的假设会导致产生矛盾,所以,你是无

---

①我们能记得,骑士是最高等级,凡人是中间等级,流氓是最低等级。

罪的。

上面的推理过程是一种归谬法（假设错误观点成立从而推导出荒谬的结论）的示例。更直接的论证可以考虑：你要么是流氓，要么不是（记住，陪审团不知道你是不是流氓）。如果你是流氓，那你的陈述为假，所以，你无罪；如果你不是流氓，那么你当然是无辜的，因为有罪的那人是个流氓。

100.

不存在这样的话。如果，真的有这样的话，说完后陪审团能够通过理智的思考得出你是无辜的结论，若他们绝对理智，推导过程也十分正确，那你的确无辜这件事就是事实。但这和你有罪的前提条件相矛盾。

101.

这是第99个问题的对应问题，若非说有什么不同的话，只能说这道题更简单些了。你只需说："我是无辜的。"陪审团会如此考虑：如果你是骑士（他们并不知道这点），那么你所言为真，所以，你是无辜的；如果你不是骑士，那么你仍然无罪，因为已知有罪的人是位骑士。

102.

一种答案是说句："要么我是骑士并且无辜，要么我是流氓并且有罪。"让我们看看你的话再简洁一点，可以这样说："我要么是无辜的骑士，要么是有罪的流氓。"陪审团会如此推断你是否有罪：

第一步：假设他是骑士，那么他所言为真，所以，要么他是无辜的骑士，要么是有罪的流氓。他不会是有罪的流氓，因为他不是流氓，所以，他是无辜的骑士。因此，他无罪。

第二步：假设他是流氓，那么他所言为假，所以，他既不是无辜的骑士，也不是有罪的流氓。尤其需要注意的是，他不是有罪的流氓。但他的确假设已是流氓，所以，那他一定是无辜的流氓，因此，他无罪。

第三步：假设他是凡人，那他自然是无罪的，因为有罪的那人不是凡人。

103.

这道题真的非常简单。你只需说："我是个流氓。"任何骑士和流氓都不会说这样的话，所以，你只能是凡人，因此你无罪。

104.

是的，你可以说："我不是有罪的骑士。"陪审团会如此思考：

第一步：假设他（也就是你）是流氓，那么他的确不是骑士，因此也就绝对不可能是有罪的骑士，所以，他所言为真。这是不可能的，因为流氓不说真话。因此，他不是流氓。

第二步：现在我们知道了他要么是骑士，要么是凡人。如果他是凡人，那他就无罪。假如他是骑士。他所言为真。所以，他就真的不是有罪的骑士。而他本身就是骑士，因此，他必定是位无辜的骑士。

如果你用其他答案诸如"要么我不是骑士，要么我是无辜的"或者"若我是骑士，那我就无罪"来回答这个问题，我同样会刮目相看。

105.

是的，你可以说："我是有罪的流氓。"陪审团会如此思考："很明显，他不是骑士。所以，他或者是凡人，或者是流氓。如果他是凡人，那他是无辜的。假设他是流氓，他所言为假，那他就不是有罪的流氓。因此，他是无辜的流氓。"

106.

你说多少话都是徒劳无功。假设你可以说一系列话，但身为凡人的其他人也可以说同样的话，因为凡人可以同时说真话和假话，所以，你没有办法娶到这位国王的女儿。抱歉！祝你在下个岛上运气好点！

107.

两种情况下，都是一句话就够了。能够说服国王的真话陈述是："我不是骑士。"（不论是骑士或者流氓都不可能说出这句话。）同样说服国王的假话陈述是："我是流氓。"

（为了和下一个问题呼应）我这里想进一步解释一下，如果你说了第一句话，那么国王就会知道：虽然你是凡人，但你说了真话；如果你说了第二句话，国王会知道：尽管你是凡人，但你说了假话。

108.

可以选择一个国王不知道是真还是假的事实条件——比方说，你现在口袋里恰好有十一元钱。你就可以说这样一句："或者我是凡人，正好口袋里带着十一元钱，或者我是流氓。"

流氓永远不会说这样的话（因为"或者我是凡人，正好口袋里带着十一元钱，或者我是流氓"这句话就为真了）。骑士也不会说这样的话（因为骑士既不可能是正带着十一元钱的凡人，也不可能是流氓）。于是，国王就知道你是凡人，但他又无从知道你说的这句话是真是假，因为他不清楚你口袋里到底带着多少钱。

八、逻辑谜题

序文

这章中的许多谜题都涉及所谓的假设条件句式：即为"若 P 为真，那么 Q 为真"这种形式的陈述句，这里的 P 和 Q 是两句需要考虑的陈述。在提出这一类型的谜题之前，我们有必要厘清几个也许会出现歧义的事项。

有些陈述事实的真假值人们都会同意，但有些陈述也许会引起不同人产生不同观点。让我们来举个具体的例子。仔细思考下面这一陈述：

（1）若约翰有罪，那么他的妻子有罪。

所有人都会同意：如果约翰有罪，且如果陈述（1）为真的话，那么他的妻子同样有罪。

所有人也都会一致认为：如果约翰有罪，但他的妻子是无辜的，那么陈述（1）为假。

现在，假设已知他的妻子有罪，但不知道约翰是否有罪，你会如何定义陈述（1）的真假值呢？你会不会否认：不论约翰是否有罪，他妻子都是有罪的？或者你会不会这样觉得：如果约翰有罪，那他妻子也有罪；但如果约翰无罪，他妻子也是有罪的？

在文学作品里有大量这种用法的示例：在鲁德亚德·吉卜林的故事《里奇·迪奇·塔维》中，眼镜蛇就是对惊恐的一家人这么说道："如果你们动一下，我就咬你们；如果你们一动不动，我也咬你们。"说了那么多话也只是意味着："我要咬你们"。还有德山禅师的故事，他用挥舞的禅杖回答了所有问题，也同样似乎没有回应任何问题。他的经典语录是："你有话要说，那就打三十杖；你无话可说，也打三十杖。"

结论就是，如果陈述 Q 是绝对真的，那么陈述"若 P 真，则 Q 真"即为真（同理，陈述"若 P 不为真，则 Q 真"也为真）。

这其中最有争议的地方在于：假设 P 和 Q 同时为假，那陈述"若 P 为真，则 Q 为真"是真还是假？还是判断这句陈述的真假值需要依据 P 和 Q 两句陈述的各自真假值？回到我们的例子上，如果约翰和他妻子都无罪，那么陈述（1）为真还是为假？我们现在简要地退回到这一至关重要的问题上。

有个相关的问题是：我们已经都理解，如果约翰有罪，而他妻子无罪，那么陈述（1）为假。反过来是这样吗？也就是说，若陈述（1）为假，我们会得出约翰必有罪而他妻子无罪这一结论吗？换个说法，若陈述（1）为假，是否只有约翰有罪而他妻子无罪这一种事实？根据大多数逻辑学家、数学家和科学家使用"若……，则……"这一句式的用法习惯来说，答案是"是的"，本书也采用这一惯例。换句话说，给出两句陈述

P和Q，无论什么时候我说"若P，则Q"，我的意思只不过是"若P为真，则Q为假"，则此陈述为假。特别是，这意味着如果约翰和他妻子都无罪，那么陈述（1）也为真。因为这句陈述为假的唯一一次是：约翰有罪，而他妻子无罪，这种陈述方式里不包括约翰和他妻子无罪。反过来说，如果约翰和他妻子都是无辜的，约翰有罪而其妻子无罪当然不可能是事实，所以，两人都无罪这句陈述不能为假。

下面是个更加怪异的举例。

（2）若孔夫子出生在得克萨斯州，那么我就是德古拉。

陈述（2）的意图不过是：孔夫子不可能出生在得克萨斯州，我也不是德古拉。事实也确实如此，因为孔夫子不是得克萨斯州出生的。于是，我们能理解陈述（2）为真。

换个方式来看待这一问题，想要陈述（2）为假，只能是，若孔夫子出生在得克萨斯州，则我不是德古拉。因为孔夫子的确不在得克萨斯州出生，所以就不会出现"若孔夫子出生在得克萨斯州，则我不是德古拉"这一事实。换言之，陈述（2）不可能为假，所以，必定为真。

现在我们来考虑一下任意两句陈述P和Q，下面这句陈述由这两句组成：

（3）若P，则Q。

这句陈述可以用符号来表达：$P \rightarrow Q$，有时在某些学科中会读作"P蕴含Q"。虽然"蕴含"一词多少会让人产生歧义，但在文献中这一词用作这一用途俨然成为习惯。如前文所言，这些陈述的含义只是"P为真，Q为假"不是事实。我们可以看看以下事实：

事实1：若P为假，那么P→Q自然为真。

事实2：若Q为真，那么P→Q自然为真。

事实3：唯一可以让P→Q为假的条件是：P为真，而Q为假。

事实1有时可以如此理解："一假命题可以蕴含任何命题。"此种言论可能会令哲学家们大吃一惊（参见后文十四章中的谜题244，会对此进行深入讨论）。事实2有时可以这样解释："一真命题是被任何命题所蕴含的。"

真值表格总结

给出两句陈述P和Q，总是会得到四种可能：（1）P和Q全部为真；（2）P为真，Q为假；（3）P为假，Q为真；（4）P和Q都为假。

谈及具体事项时，只有四种可能中的一种且只有一种情况发生。现在，让我们来考虑一下陈述"若P，则Q（简化表达式为：P→Q）"。能否确定四种情况中哪种会成立，而哪种情形不成立吗？是的，可以确定，以下是分析过程：

情况1：P和Q全部为真。这种情况下，Q为真，所以根据事实2，P→Q为真。

情况2：P为真，Q为假。这种情况下，根据事实3，P→Q为假。

情况3：P为假，Q为真。那么根据事实1（也可以说是事实2），P→Q为真。

情况4：P和Q都为假。那么根据事实1，P→Q为真。

这四种情况可以总结为下面这张表格，暂且称之为蕴含的真值表。

	P	Q	P→Q
（1）	真	真	真
（2）	真	假	假
（3）	假	真	真
（4）	假	假	真

第一排的"真，真，真"意思是：当P为真，Q为真，那么P→Q为真。第二排的"真，假，假"意思是：当P为真，Q为假，那么P→Q为假。第三排的字是说：当P为假，Q为真，那么P→Q为真。第四排的字是说：当P为假，Q为假，那么P→Q为真。

我们可以留意到，四种情况下有三种是P→Q为真。只有在第（2）种情形下，才得到P→Q为假。

另外一个蕴含的性质。蕴含的另外一条重要特性是：想要证明"若P，则Q"这一陈述成立，需要先假定P为前提条件，因为有了这一条件，Q这一结论才会引出来。换句话说，如果假设条件P导出Q作为结论，那么陈述"若P，则Q"就成立。

我们后面会将这一性质称为"事实4"。

A. 应用到骑士和流氓问题。

109.

我们这一问题有两人，A和B，每个人都或者是骑士，或者是流氓。假设 A 做出如下陈述:"假如我是骑士,那么 B 也是。"

现在,你能确定 A 和 B 都是什么人吗?

110.

有人问 A:"你是骑士吗?"他回答说:"如果我是骑士,那么我就吃掉自己的帽子!"

请证明这位 A 必须吃掉自己的帽子了。

111.

A 说:"如果我是骑士,那么二加二等于四。"请问 A 是骑士还是流氓?

112.

A 说:"如果我是骑士,那么二加二等于五。"你又会得到什么结论呢?

113.

已知 A 和 B 两人,他们或者都是骑士,或者全是流氓。A 说:"若 B 是骑士,那么我是流氓。"

A 和 B 是什么人?

114.

两人 X 和 Y,都涉嫌参与一起盗窃案。A 和 B 出庭作证,

A 和 B 两人或者是骑士，或者是流氓。证人们做出如下陈述：

A：如果 X 有罪，那么 Y 也有罪。

B：或者 X 无罪，或者 Y 是有罪的。

请问，A 和 B 一定是同一类型的吗？（我们还记得，来自骑士与流氓岛上的两个人，如果两人都是骑士或者全是流氓，就可以说他们是同一类型的。）

115.

在骑士和流氓岛，遇到三位居民 A、B、C。A 和 B 说了下面的话：

A：B 是骑士。

B：如果 A 是骑士，那么 C 也是骑士。

能否判断 A、B、C 三人都是什么人？

B. 爱情和逻辑。

116.

假设下面两句陈述为真：

(1) 或者我爱贝蒂，或者我爱简。

(2) 如果我爱贝蒂，那么，我爱简。

上述内容是否必然得出"我爱贝蒂"这一结论？是否必然得出"我爱简"这一结论？

117.

假如有人问道:"如果你爱贝蒂,那么你也爱简,这是真的吗?"我回答:"如果这是真的,那么我爱贝蒂。"

这能否得出结论:我爱贝蒂?这能否得出结论:我爱简?

118.

这次,我们给定两位姑娘:伊娃和玛格丽特。有人问我:"如果你爱伊娃,那么也爱玛格丽特,这是真的吗?"我回答:"如果这是真的,那我爱伊娃,而且,如果我爱伊娃,那这就是真的。"

哪个姑娘是你必定爱着的?

119.

这一次,我们已知有三位姑娘:苏、玛西娅和戴安娜。假设已知如下条件:

(1) 我至少爱三位女孩中的一位。

(2) 如果我爱苏,不爱戴安娜,那么我爱玛西娅。

(3) 我或者同时爱着戴安娜和玛西娅,或者不爱她们任何一人。

(4) 如果我爱戴安娜,那么我爱苏。

我爱的是哪位姑娘?

题外讨论。是不是逻辑学家有点蠢?难道我不坐下来用逻辑推理去算算,自己就不知道爱不爱贝蒂、简、伊娃、玛格丽特、苏、玛西娅、戴安娜等人？假如有位妻子问她那位钻研学术的丈夫："你爱我吗？"然后他回答："等一下，亲爱的。"然后一坐就是半个钟头，拿着笔和纸去演算，最后才回答："是的，结果算出来是我爱你。"这会不会未免太好笑了？

我想起一件据说是有关哲学家布莱尼茨的真实故事。他曾慎重地考虑要不要娶某位女士为妻，他拿着笔和纸坐下来，然后列了两列清单，一列是结婚的好处，一列是结婚的弊端。结果，第二列清单稍稍长了那么一点，所以，他就决定：还是不结婚了。

120.

这道题，虽然简单，但也有点令人惊讶。

假设已知我或者是骑士，或者是流氓，我说了下面两句话：

（1）我爱琳达。

（2）如果我爱琳达，那么我就爱凯茜。

我是骑士，还是流氓？

121. 古老谚语的变换花样。

有句古老的谚语——"被人看着的水壶永远也烧不开。"现在，我知道这是错的，我曾经站在燃着火的炉子旁看着一壶水，我确定那水最后是烧开了的。不过，下面这句变换后的谚语呢？

"被人看着的水壶永远也烧不开，除非你看着它。"更加准确一点的说法是"被人看着的水壶永远也烧不开，除非有人看着它"。

这句话为真,还是为假?

C. 这座岛上有黄金吗?

上面两大类谜题,大部分都是关于条件语句式的陈述——其形式为"如果 P 为真,则 Q"。这种类型的谜题大多涉及双条件句式——其形式为"P 为真,当且仅当 Q 为真"。这种陈述的意思是:如果 P 为真,那么 Q 也为真;如若 Q 为真,那么 P 也为真。换言之,这意味着,如果 P 和 Q 中任一为真,另外一句陈述也为真。这也就是 P 和 Q 或者同真或者同假的意思。陈述"P 为真,当且仅当 Q 为真",可以用符号"P↔Q"来表示。

P↔Q 的真值表格为:

P	Q	P→Q
真	真	真
真	假	假
假	真	真
假	假	真

陈述"P 为真,当且仅当 Q 为真",有时也可以这样解读"P 等同于 Q"或者"P 和 Q 是相等的"。我们可以注意到以下两点:

事实 F1:任何与真命题等同的命题,为真。

事实 F2:任何与假命题等同的命题,为假。

122. _____

这座岛上有黄金吗?

在某座骑士和流氓岛,传言有金子被埋在那里。你到达了这座小岛,询问起其中一位居民 A:这座岛上是否有金子?他给出了如下回复:"岛上有金子,当且仅当我是骑士。"

我们的问题分为两部分:

(a) 能否确定 A 是骑士还是流氓。

(b) 能否确定岛上是否真的有金子?

123. _____

假设 A 没有主动说什么讯息,而是你问 A:"'你是骑士'这句话是否相当于'这座岛上有金子'?"如若对方回答:"是的。"那这道谜题的答案与前一问题就一样了。假设他回答的是:"不是。"你能否判断出岛上是否真的有黄金?

124. _____

我是如何变有钱的。

很不幸的是,这个故事不是真的。但这依然是个有趣的故事,我还是愿意讲给你们听。

我发现三座相邻的岛屿 A、B、C,我知道三座岛中至少有一座岛埋着金子,但我不知道是哪座岛。B 岛和 C 岛无人居住,而 A 岛上生活着骑士和流氓,可能这座岛上还有些凡人,但我不知道哪些人是或不是凡人。

我有幸找到了三座岛的地图,地图是著名的狡诈海盗船船长马斯顿遗留下来的，正是他埋下了传说中的金子。地图上的信息被用密码加密了。密码破译后，可以看到文字信息是由两句话组成的。这是誊写过来的密码全文：

（1）A 岛上没有金子。

（2）如果 A 岛上有凡人，那么两座岛上都有金子。

我赶紧跑到 A 岛上，我了解到岛上居民知道所有金子的情况。岛上的国王猜测出我的意图，他直截了当地告诉我：只允许你向随机一位该岛居民问一个问题。我没办法知道被问的当地居民是骑士、流氓还是凡人。

我的问题是：构想出一个问题，根据这个问题的答案，我能明确知道一座肯定有金子的岛屿位置。

我该怎么问？

125._____

另一次，我拜访了一个完全不同的岛屿，上面居住着骑士、流氓和凡人。传言这座岛上有金子，我想要弄清楚到底有没有这一宝藏。岛上国王是位骑士，他优雅地向我介绍了三位当地居民 A、B 和 C，并告诉我三人中至多只有一人是凡人。允许我问两个答案是"是/不是"的问题，让我找寻答案。

有没有什么方法用两个问题确定这座岛上是否有金子？

126. 推理谜题。_____

假设有两座相邻的岛屿，岛上居民都只有骑士和流氓（没有凡人），你得知两座岛屿中的一岛上有偶数位骑士，而另外那座岛上有奇数位骑士，你还得知金子在有偶数位骑士的那座岛上，而另外一座岛没有金子。

你随意选出一座岛去拜访，所有居民都知道岛上骑士和流氓的数量，你遇见三位当地居民 A、B、C，他们说出下面的话：

A：这座岛上的流氓数量是偶数。

B：现在，岛上的总人口数量是奇数。

C：我是骑士，当且仅当 A 和 B 是同一类型的人。

假设此时你既不是骑士，也不是流氓，只是岛上的外来客，这座岛上有没有金子呢？

解答。

109-112.

这四道问题都含有相同的基本观点，就是给定的条件 P，如果岛上一个或者是骑士或者是流氓的人 A 说"如果我是骑士，那么 P"，则说话的这人必定是骑士，而 P 一定为真！这一结论相当惊人，我们可以通过下面两种方法来证明这点：

（1）假设 A 是骑士。那么陈述"如果我是骑士，那么 P"必定为真陈述（因为骑士永远只说真话）。所以，A 是骑士，"如果我是骑士，那么 P"这句陈述必定为真。根据这两个事实可以得出 P 必定为真。这是因为 A 是骑士作为前提条件，P 是自然得到的结论。所以（回想一下蕴含性质的事实 4），我们已经证明了如果 A 是骑士，那么 P 成立。而且，这正是 A 所断言的！因此，A 必定是骑士。我们已经证明"如果 A 是骑士，那么 P 成立",结果导出的 P 必定为真。

(2)以下另外一种思考方式也能证明。我们能记得"一假命题蕴含所有命题"。所以,如果 A 不是骑士,那么陈述"如果 A 是骑士,则 P"自然就是真陈述。而一位流氓永远不可能说出这样的话。所以,一位或者是骑士或者是流氓的人说出这样一句话,那他只能是骑士,而且 P 必定为真。

让我们把这一原则应用到谜题中。109 题中,如果我们将 P 看成"B 也是骑士",我们可以看出,A 必定是骑士,他所言为真,所以,B 也一定是骑士。因此,109 题的答案是:A 和 B 都是骑士。

110. 题中,我们将 P 看成"A 会吃掉他的帽子"。我们看到,A 必定是骑士,所以,他只能吃掉自己的帽子了。(这件事说明,虽然这些骑士们品德高尚、尊贵不凡,但有时候好像有点愚蠢!)

111. 题中,答案也是:A 是骑士。

至于 112 题,正确的结论是:作者又在开玩笑呢!这道题就是悖论,没有骑士能说出这样的话,也没有流氓会这样说。

113.

A 必定是骑士,而 B 一定是个流氓。为了证明这点,我们首先可以证明,只有骑士才能说出"若 P,那么我是流氓"这样的话。我们能记得,一真命题是被所有命题所蕴含,所以,如果陈述"我是流氓"为真,那么完整陈述"若 P,那么我是流氓"也为真。但若这人是流氓的话,是永远不会说出这样的真话。所以，当说"若 P，那么我是流氓"这句话时，这个"我"必定是骑士。

因为 A 一定是骑士。由此，"如果 B 是骑士，那么 A 是流氓"必定为真（因为是 A 说的这句话，为真）。B 就不可能是骑士，因为那意味着 A 是流氓了，而 A 并不是。所以，B 必定是流氓。

114.

事实上，A 的话是指"X 有罪而 Y 无罪"这一陈述不是事实。这其实仅仅是"或者 X 无罪，或者 Y 有罪"的另外一种说法，所以，A 和 B 只是用两种不同方式说了相同的话。因此，他们的陈述要么同时为真，要么同时为假，所以，A 和 B 一定是同一类型的。

115.

假设 A 是骑士，那么 B 也是（因为 A 说他是），由此，B 的陈述"如果 A 是骑士，那么 C 也是骑士"为真。但 A 是骑士（已经假设的），所以，C 也是骑士（在假设 A 是骑士的条件下）。

我们刚刚证实了，如果 A 是骑士，那么 C 也是。而 B 正是如此说的，因此 B 是骑士。A 的陈述说"B 是骑士"为真，所以，A 同样是骑士。刚刚我们已经证实：如果 A 是骑士，那 C 也是。所以，C 也是骑士。因此，三人都是骑士。

116.

这一问题得不出"我爱贝蒂"的结论，但能得到"我爱简"。想要"我爱简"这一结论，我们可以这么思考。

我要么爱贝蒂，要么不爱。如果我不爱贝蒂，根据陈述（1），我爱的人一定是简（因为给定的条件是我至少爱着其中一个姑娘）。另一方面，如果我爱贝蒂，那么根据陈述（2），我一定也爱简。所以，无论在什么情况下（我爱贝蒂或者不爱贝蒂），都能得出我爱简这一事实。

顺便说一句，任何恰好名字是"贝蒂"的读者不需要担心；因为虽然根据给出的条件，不能得出我爱贝蒂的结论，但这也不意味着我不爱贝蒂！很有可能是我也爱贝蒂——甚至比爱简更爱她。

117.

这次，我们能得到"我不知是否爱简，但我爱贝蒂"这一结论。因为，假设我不爱贝蒂，那么陈述"或者我爱贝蒂，或者我爱简"必定为真（因为假命题蕴含所有命题）。但根据给出的这句真陈述，我必须爱贝蒂。所以，就得出了如果我不爱贝蒂的话，我就必须爱贝蒂这一结论，这就形成了矛盾。矛盾唯一的解决方法就是，我的确爱贝蒂。

这道题解答不了我是否爱着简。

118.

结论是，我一定两个姑娘都爱。我们用 P 来代替"如果我爱伊娃，那么我也爱玛格丽特"这句陈述，就有了以下结论：

（1）如果P为真，那么我爱伊娃。

（2）如果我爱伊娃，那么P为真。

我们已经从前面的谜题中学会了推理方法，知道可以从（1）中推断出我爱伊娃，于是，我爱伊娃。又根据上面陈述（2），P必定为真，也就是说，若我爱伊娃，那我也爱玛格丽特。已知我爱伊娃，所以，我也爱玛格丽特。

119.

我一定爱所有姑娘。有很多种办法可以证明这点，以下是一种：

根据条件（3）我或者同时爱着戴安娜和玛西娅，或者不爱她们俩中的任何一人。假设我不爱她们两个中的任何一人，根据条件（1），我必定爱苏。所以，就有了"我爱苏但不爱戴安娜"这一事实，而且，我也不爱玛西娅。这与条件（2）不符。所以，"我不爱她们两个中的任何一人"不成立，因此，我同时爱着她们两人。因为我爱着戴安娜，根据条件（4），我也爱着苏。所以，我同时爱着这三位姑娘。

120.

我一定是骑士。如果我是流氓，那么陈述（1）和陈述（2）都为假。假设陈述（2）为假，那么我爱琳达，而不爱凯茜，所以，我爱的人是琳达。这就意味着陈述（1）为真。所以，陈述（1）和陈述（2）不可能同时为假，因此，我一定不会是流氓。

121.

"P 为假,除非 Q"不过是"如果 P,则 Q"的另外一种表达方式(举个例子,比方说,"我不会去看电影,除非你陪我去"就相当于"如果我去看电影,那么你要陪我一起去")。所以,陈述"被人看着的水壶永远也烧不开,除非有人看着它",不过是"如果一把被人看着的水壶烧开了,那它是被人看着的"另一种说法。当然,这种陈述肯定为真,一把被人看着的水壶自然是被人看着,不管它有没有烧开。

122.

没办法知道说话者是骑士还是流氓;也无法确定岛上是否真的有金子。

为了解释这道谜题和其他此类型的谜题,让我们着重讲明下面这一基本原则:如果说话者(无论是骑士还是流氓)说了这样一句:"我是骑士,当且仅当 P,"那么,P 必定为真(不论说话的这人是骑士还是流氓)。

为了理解起来更容易些,先用 K 来代替命题"说话者是骑士"。说话者声称 K 相当于 P。假设说话者是骑士,那么 K 真的相当于 P,而且命题 K 也为真。P 相当于一真命题,所以,P 必定为真。从另一方面看,假设说话者是流氓。那么他所言为假,所以,P 不等同于 K。而且,因为他是流氓,所以命题 K 为假。又由于 P 不等同于假命题 K,那么 P 必定为真(因为如果 P 为假,那么它就会等同于 K)。因此,不论说话者是骑士还是流氓,P 都必定为真。

有意思的是，可以将这一基本原则和上一类型谜题的原则相对比：如果骑士或者流氓说"如果我是骑士，那么 P"，我们能总结出他是骑士，而且 P 为真；但如果一位骑士或者流氓说"我是骑士，当且仅当 P"，我们能推导出 P 为真，但我们无法确定他是骑士还是流氓。

123.

是的，你可以；这种情况下，岛上没有金子。

用 G 代替"岛上有金子"这一陈述，用 K 代替"说话者是骑士"这一陈述。说话者回答的"不是"，肯定了 G 不等同于 K。假设说话者是骑士，那么，G 不等同于 K 就是事实，因为他是骑士，K 为真。所以，G 不等同于真命题 K，因此，G 必定为假。从另一方面来说，假设说话者是流氓，那么 G 实际上是等同于 K（因为流氓说它们不相等）。但 K 为假（因为说话者是流氓）。所以，G 等同于假命题 K，那么 G 必定为假。因此，无论说话者是骑士还是流氓，他的回答"不是"都能得出"G 为假"这一结论。因此，岛上没有金子。

讨论。上面两道谜题合起来揭示出了一条精通"骑士—流氓"问题的人们都了解的重要法则。正如上面两道谜题的解答中所见，如果 P 是任何陈述，而你想要确定它是真还是假，当可能是骑士也可能是流氓的一人知道 P 的真假值，你便可以向他提问一个问题从而得知 P 是真还是假。你只需问他："'你是骑士'这句话是否相当于 P？"如果他的回答是"是"，那么你就会知道，他是骑士，而且 P 为真；如果他的回答是"不是"，那么你就会知道 P 是错的。

这一法则会应用到下面三道谜题中，我们可以把它当作基本法则。

124.

我们已经事先了解到 A 岛上没有金子，金子在 B 岛或者 C 岛上，如果 A 岛上有凡人，那么 B 岛和 C 岛就都有金子。

我问被访者的问题是："'你是骑士'这句话是否等同于'B 岛上有金子？'"

假设他的回答是"是"，那么他有可能是骑士或者是流氓，在 B 岛上真的有金子（根据基本法则）。若他是凡人，那么 B 岛和 C 岛上都有黄金，所以，B 岛上肯定也有金子。所以，对方的回答"是的"意味着 B 岛一定有黄金。

假设他回答的是"不是"，不论他是骑士还是流氓，B 岛上都没有金子（还是根据基本法则可以得出这一结论）。这意味着金子一定在 C 岛上。从另外一方面来看，若他是凡人，B 岛和 C 岛上都有黄金，所以，金子也在 C 岛上。因此，对方的回答"不是"意味着 C 岛一定有黄金。

125.

这道谜题可以运用两次基本法则的提问来解决，（参看谜题 123 的解答部分，里面有基本法则的详细解释）。

用一次提问可以确定三人中你想问的那人到底是不是凡人。你可以这样问 A："'你是骑士'这句话是否等同于'B 是凡人?'"假设他回答"是。"A或者是骑士或者是流氓,而B必定是凡人(根据基本法则)。这意味着C不是凡人。如果A不是骑士也不是流氓,那他一定是凡人,所以,C也不可能是凡人。所以,一个"是"的回答意味着C不是凡人。

假设A的回答是"不是"。若他是骑士或者流氓,那么B不是凡人(仍是根据基本法则)。如果A不是骑士也不是流氓,那么B就不是凡人,因为A是凡人。所以,对方回答"不是"意味着B不是凡人。

因此,如果你从A处得到"是"这一答案,你就选C来问第二个问题。如果你从A处得到"不是"这一答案,你就选B来进行第二次提问。这样一来,你知道自己要问的这人或者是位骑士,或者是流氓。接着,你问此人和谜题122同样的问题,即:"'你是骑士'这句话是否等同于'这座岛上有金子'?"A若回答"是的",岛上就真的有金子;若答案是"不是",岛上就没有金子。

126.

如果你不懂基本法则,那这道谜题可太难了。但现在,你已经知道了基本法则(参看谜题123的解答部分),这道谜题就相当简单了。我假设你是知道两个偶数之和是偶数,两个奇数之和仍是偶数。这意味着如果你从一个偶数中减去偶数量,你还是会得到一个偶数;如果你从一个奇数中减去一个奇数量,你仍然得到一个偶数(举例来说,12-8=4;13-7=6)。

从C的陈述中我们能得出(根据基本法则):A和B是同

一类型的人，换言之，他们同是骑士或者都是流氓。所以，他们所言要么全部为真，要么都是假的。假设他们所言皆为真，根据 A 的陈述，岛上流氓的数量是偶数，根据 B 的陈述，岛上包括你所有人的数量是奇数。不过，你既不是骑士，也不是流氓，而仅仅是岛上的访客，所以，岛上所有当地居民数量是偶数。所以，总数为偶数，减去总数为偶数的流氓数量，你能得到偶数位骑士。因此，在这种情况下，该岛有金子。

另一方面，假设两句陈述都为假，那意味着岛上的流氓数量为奇数，而且岛上骑士和流氓的总数为奇数（包括你在内的总人数为偶数）。仍然是骑士数量为偶数，所以，这座岛上有金子。

九、贝里尼还是切里尼？

这是鲍西娅匣子这一故事的续篇。我们还记得，当贝里尼制作匣子时，总是会在盒盖上雕刻一句真话，而切里尼制作匣子时，总会在盒盖上雕刻一句假话。现在，贝里尼和切里尼的子孙们也是制造匣子的工匠，这些子孙同样沿袭了他们祖辈的传统，贝里尼的后人只在他们做的匣子上刻真话，而切里尼的后人只在他们做的匣子上刻假话。

我们暂且设定在文艺复兴时期的意大利，只有贝里尼和切里尼家庭是匣子的制造匠人；所有的匣子或是由贝里尼，或是切里尼，或是贝里尼的子孙，或者是切里尼的子孙打造的。

倘若你碰到这些匣子中的任何一只，那都是价值连城的——尤其是由贝里尼和切里尼制作的。

A. 谁的匣子？

127.

我曾经遇到过这样一只匣子，上面刻着这些文字：

> 此匣不是由贝里尼的子
> 孙所造。

是谁造了这只匣子，贝里尼，还是切里尼，还是切里尼的子孙？

128.

另一次，我遇见了一只匣子，根据上面的刻字我能推断出这匣子一定是切里尼所造。你能猜出刻的是什么吗？

129.

所有匣子中，最有价值的是，根据盒盖上所刻文字，可以明确推断出是由贝里尼或切里尼所造，但又判断不出确切是谁造的匣子。我曾有幸遇见过一只这样的匣子。你能猜出盒盖上的刻字是怎样的吗？

130.

从价值连城到不值一文。假设你遇到刻着下面这样文字的匣子，你会得出什么结论？

131._____

佛罗伦萨的贵族。

一位佛罗伦萨的贵族为宾客准备了奢侈的娱乐项目,高潮是一种奖品为贵重珠宝的游戏。贵族知道鲍西娅匣子的故事,并且据此设计了自己的游戏。他有三只匣子:金匣、银匣和铅匣,三只匣子中有一只匣子内有珠宝。他向在场的客人解释说,每只匣子或者由贝里尼或者由切里尼所造(不是他们的子孙)。第一位猜出哪个是装有珠宝的匣子的客人,若能证明他的推断正确,就会赢得这件珠宝。下面是三只匣子上的刻字:

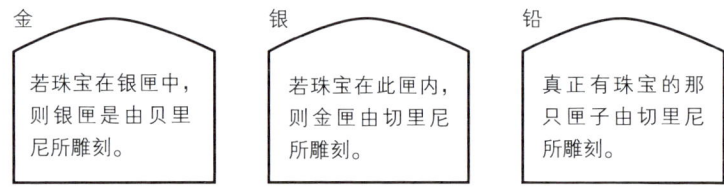

哪个匣子里放着珠宝呢?

B. 成对的匣子。

在某些博物馆里,我们能看到成对的匣子——一只金匣和一只银匣——它们当初也是成套制作、售卖的。实际上,贝里尼和切里尼家族是非常要好的朋友,有时两家会一起合作制造成对的匣子。当然,每一只匣子的制作者只有一人,但随便拿出一对匣子,有时候是这个人做其中一只匣子,另外一人再做另一只匣子。两个家族非常乐于制作成套的匣子,让后世的聪明子孙可以猜到或者猜出一部分谁是匣子的制造者。任何一套匣子,都有十六种可能:金匣可能是由贝里尼、贝里尼的子孙、切里尼或者切里尼的子孙所造，而这四种可能，每一种可能又对应着四种银匣子制作者身份的可能性。

132.

我曾经遇见过这样一对匣子：

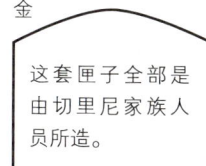

金：这套匣子全部是由切里尼家族人员所造。

银：两只匣子都不是由贝里尼子孙或切里尼孙所造。

谁制造了这对匣子？

133.

我有一次遇见了下面这对匣子：

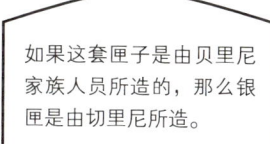

金：如果这套匣子是由贝里尼家族人员所造的，那么银匣是由切里尼所造。

银：金匣是由贝里尼的子孙所造。

每只匣子都由谁制作？

134.

请考虑下面这对匣子：

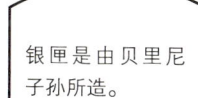

金：银匣是由贝里尼子孙所造。

银：金匣不是由贝里尼的子孙所造。

请证明，两只匣子中至少有一只是贝里尼制作的。

135.

请考虑下面两只匣子：

请证明至少其中一只匣子是由切里尼的子孙所造。

136.

请考虑下面这对匣子：

请证明至少一只匣子是由贝里尼或者切里尼所造。

137.

接下来，这次我的奇遇尤为特别。我碰到了一对匣子，而且我特别想知道，是否至少其中一只匣子是由贝里尼制作的。我读了其中一只匣子上的刻字，但我无法判断是否至少其中一只匣子是贝里尼制作的。然后，我又读了另外那只匣子上的刻字，让我惊奇的是，第二只匣子上所刻的话完全同前一只一样,更让我惊奇的是,我由此判断出了这两只匣子必定都是贝里尼所作。

你能猜出盖子上刻的是什么吗?

138.

另一次,我遇见一对盒盖上刻着相同陈述的匣子,我能根据这些话推断出这两只匣子都是由切里尼所造,但单独看哪只匣子,我又无法得知至少一只匣子是由切里尼所造。你能提供这样的刻字答案吗?

139.

另外一次,我碰到一对盒盖上刻着相同陈述的匣子,我能根据这些话推断出它们或者全是贝里尼所造,或者皆为切里尼所造,但我无法确定是哪个人。同样的,单独看哪只匣子,我都无法得出前面的结论。你能提供出这样的刻字答案吗?

140.

最有价值的成对匣子是满足以下条件的那种:

(1)从匣子盒盖上的刻字,读者可以推导出其中一只是贝里尼所造,另一只是切里尼所造,却无法判断确切是谁造了哪只匣子。

(2)单看一只匣子上的刻字,读者推断不出这是贝里尼和切里尼合作制造的成对匣子。

曾经,我十分有幸地见到过这样一对匣子。(我明白,这是一对绝无仅有的成套匣子。）你能提供出这样一对匣子上的所刻文字吗？

141.

令人愉快的奇遇。

在我还单身时，我曾去过佛罗伦萨。我看到报纸上有一则广告："征聘一位逻辑学家。"（幸运的是，广告是用英语印的；我不会讲意大利语。）我来到发布这则广告的博物馆，他们告诉我，这里需要一位逻辑学家帮助解决一道费解的谜题。博物馆发现了四只匣子，两只金匣，两只银匣。已知它们应该是成对的，但不知为何这些匣子已经混淆在一起了，已经找不出哪只金匣是搭配哪只银匣了。他们给我看了这四只匣子，我很快就解决了这道难题，为此，我还得到了一笔很可观的顾问劳务费。不仅如此，我还解释清了哪只匣子是由谁制造的，因为这个，我还得到了额外的酬劳金（其中包括一箱基安蒂红葡萄酒），而且，我还得到佛罗伦萨一位特别迷人的女士的感谢之吻。

以下是四只匣子：

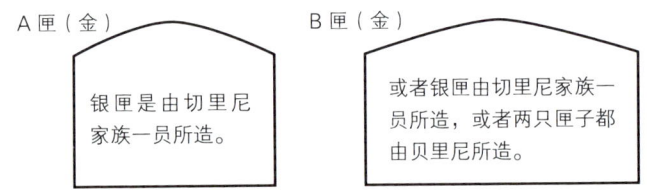

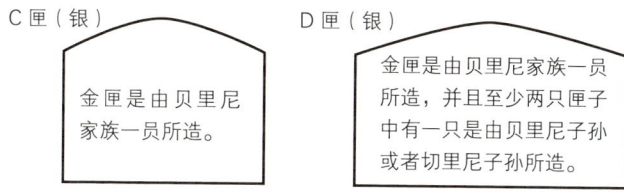

有两个疑问:

(a) A 应该和 C 还是 D 搭配?

(b) 每个匣子都是由谁打造的?

解答。

127.

匣子是由贝里尼所造。如果是贝里尼的子孙所造,那么陈述为假,这是不可能的。如果是切里尼或者切里尼的子孙所造,那么陈述为真,这也是不可能的。所以,匣子由贝里尼所造。

128.

满足条件的刻字有多种可能,其中一种是:"此匣由切里尼的子孙所造。"

129.

"此匣或者由贝里尼所造,或者由切里尼的子孙所造。"

130. _____

很明显，这句话为真，所以，匣子是由贝里尼或者贝里尼的子孙所造。

131. _____

第一步：假设铅匣上的文字是贝里尼所刻，那么这句陈述为真，所以珠宝是放在切里尼所造的匣子里，这只匣子就不会是铅匣。从另一方面看，假设铅匣是切里尼所刻，那么这句陈述为假，所以，珠宝是放在贝里尼所造的匣子内，所以，珠宝还是不在铅匣里。这就证明出：珠宝不在铅匣内。

第二步：接下来，我们会知道珠宝也不可能在银匣中。如果它在，我们将得到下面的矛盾。

假设珠宝在银匣中。首先，假设金匣是由贝里尼所造，金匣上的陈述为真，所以，珠宝一定是在银匣中（根据假设），那么银匣就是由贝里尼所造。从这我们就能得出，金匣是由切里尼所造的结论。所以，若金匣是贝里尼制作的，那么它应该是切里尼所作，这就产生了矛盾。

从另一方面来说，假设金匣是切里尼所造。那么金匣上的陈述为假，由此，银匣便不是贝里尼所作，那么银匣由切里尼所作。由此，银匣上面的陈述为假，从而得出金匣是贝里尼所造的结论。所以，如果金匣是切里尼所造，那么它应该是贝里尼制作的，这是不可能的。

这就证明了珠宝不可能在银匣中，因此，珠宝在金匣内。

132.

很显然，金匣上的陈述不可能为真，我们已经知道会产生矛盾，所以，金匣是由切里尼家族人员所造。既然这句陈述为假，那么就不是两只匣子全都由切里尼家族所造，因此，银匣子是由贝里尼家族人员所造。所以，银匣上面的陈述为真，那么，这两只匣子都不是由贝里尼和切里尼家族的子孙所造。因此，金匣由切里尼所造，银匣是贝里尼所造。

133.

我们还能记得，当骑士与流氓岛上的居民说"如果我是骑士，那么如此如此就为真"这句话时，这位居民必定为骑士，而"如此如此"也一定为真。出于同样的理由，我们现在能够证实，金匣上的陈述为真。

假设金匣的确是由贝里尼家族人所刻，那么金匣上的陈述为真，"如果这套匣子是由贝里尼家族人员所造的，那么银匣是由切里尼所造"。而且，金匣果真是由贝里尼家族人所造（这是我们的假设前提），所以，银匣应该是切里尼制作的。我们已经证明出：若金匣是由贝里尼家族人所造，那么银匣就是由切里尼所造。换句话说，我们已经证明了金匣上的陈述为真。所以，金匣实际上的确由贝里尼家族人制作。将这一事实同"如果这套匣子是由贝里尼家族人员所造的，那么银匣是由切里尼所造"结合起来看，会得出银匣是由切里尼所造。由此，银匣上的陈述必定为假，金匣必定不是贝里尼的子孙所造，所以，金匣是由贝里尼所造。因此，金匣的制作者是贝里尼，银匣的制作者是切里尼。

134.

假设金匣上的陈述为真，银匣即由贝里尼的子孙所造，所以上面的陈述为真。这意味着金匣不是由贝里尼的子孙制作，但金匣上刻有真的陈述，所以，金匣一定是由贝里尼所造。

假设金匣上的陈述为假，那么银匣就不是贝里尼的子孙所造。然而，银匣上的陈述必定为真（因为金匣上有假陈述，故而金匣不可能是贝里尼的子孙所造）。所以，银匣是由贝里尼所造。

总的来说，如果金匣上的陈述为真，那么金匣是由贝里尼做的；若金匣上的陈述为假，那么银匣是由贝里尼制作的。

135.

假设银匣上的陈述为真，因为是真陈述，所以，银匣是由贝里尼家族人员所造，由此，金匣上的陈述"银匣是由切里尼所造"——必定为假。银匣上的陈述为真（根据假设），金匣不是由切里尼所造。而金匣上面的陈述为假，又不是切里尼所造，那么它一定是由切里尼的后人所造。

另一方面，假设银匣上的陈述为假，那么金匣就的确是切里尼所造，所以，金匣上的陈述为假，银匣的制作者也不是切里尼。而银匣上面刻着假的陈述，且不是切里尼所为，因此，银匣一定是切里尼的后人所造。

136.

假设金匣子上的刻字为真,那么银匣上的刻字也必须为真,这意味着金匣上的陈述为假。这就形成了矛盾,所以,金匣上的陈述为假。同时,这意味着金匣不是由贝里尼的子孙所造。如果银匣上的陈述为真,那么银匣就是贝里尼所造。如果银匣上的陈述为假,那么金匣不是由切里尼的子孙所造,而金匣上刻字为假,所以,金匣是切里尼所造。

总结一下,如果银匣上的陈述为真,那么银匣必定是贝里尼所造;如果银匣上的陈述为假,那么金匣必定是切里尼所造。所以,或者贝里尼制作了银匣,或者是切里尼制作了金匣。

137.

这道谜题以及接下来的三道题都有很多种解答方法。此谜题的一种解答为:两只匣子上都刻着"或者两匣子都是贝里尼所造,或者至少一只匣子由切里尼家族人所造"。

138.

一种方法是:两只匣子上都刻着"两匣中至少一只匣子是由切里尼子孙所造"。如果陈述为真,那么两只匣子中至少有一只为切里尼的子孙所造,但切里尼的子孙是不可能刻出真的陈述,所以,两句陈述全部为假,这意味着两只匣子都不是切里尼的子孙所造,所以,切里尼造了两只匣子。

139.

这样的刻字能符合要求:"或者两只匣子全部由贝里尼所造,或者至少一只匣子由切里尼的子孙所造。"

我们能证明出,如果所刻陈述为真,那么两只匣子全由贝里尼所造;如果所刻陈述为假,那么两只匣子全由切里尼所造。

假设所刻陈述为真,那么,就真的是或者两只匣子全部由贝里尼所造,或者至少一只匣子由切里尼的子孙所造。后面的那一选项完全不可能(因为切里尼的子孙不会写出真话),所以,两只匣子必定全是由贝里尼所造。

假设所刻陈述为假,那么两个选项都分别为假——尤其是第二个选项(至少一只匣子由切里尼的子孙所造)为假,这意味着没有任何匣子是切里尼子孙制作的。而两句刻下的陈述都为假,所以,匣子都是切里尼制作的。

140.

一种解答方式为:

金匣上面刻:"这两只匣子是贝里尼和切里尼所造,当且仅当银匣是由切里尼家族一员所造。"

银匣上面刻:"金匣是由切里尼家族一员所造。"

我们用 P 替换命题"这两只匣子是由贝里尼和切里尼所造",用 Q 来替换命题"银匣子是由切里尼家族一员所造"。金匣上的刻字说:P 相当于 Q,而银匣上的刻字说金匣的制造者是说假话的,相当于说金匣上所刻的陈述为假。这就意味着两只匣子上面的刻字，一句为真，一句为假。

假设金匣上的陈述为真（因为我们已经知道一句陈述为真，另一句为假），那么银匣上的陈述必定为假，所以，银匣一定是由切里尼家族一员所造，即 Q 为真。同理，金匣上的陈述必定为真，那么 P 也就等同于 Q，因此，P 必为真。

假设金匣上的陈述为假，如此一来，银匣上的陈述必定为真，所以，银匣的制造者不是切里尼家族成员，故而，Q 必定为假，而且 P 不等同于 Q。于是，P 仍为真。

我们可以看出，在任一情况下，P 都必定为真，也就是两只匣子由贝里尼和切里尼所制造。

141.

A 匣一定与 D 匣搭配，因为如果与 C 匣搭配的话，将会产生矛盾。

假设 A 匣和 C 匣搭配，假设 A 匣上的陈述为真，那么 C 匣上的陈述为假，这意味着 A 上面的刻字为假，这就产生了矛盾。另一方面，假设 A 匣上面的陈述为假。那么，C 匣上的陈述为真，这意味着 A 匣上面刻字为真——又形成了矛盾。所以，A 匣一定不是与 C 匣搭配。这就解决了一半的问题。

现在让我们来看 B 匣和 C 匣这对。假设 C 匣上的陈述为假，那么 B 匣是由切里尼家族一员所造，所以，B 匣上面的陈述为假陈述。这意味着两个选项都不成立，这意味着 C 匣实际上是由贝里尼家族一员所造。即如果 C 匣上陈述为假，那么 C 匣是贝里尼家族一员所造的。这是不可能的。所以，C 匣上所言为真。由此，B 匣上的陈述也为真（因为 C 匣上的陈述"金匣是由贝里尼家族一员所造"为真）。现在可以看到，B 匣上的陈述第一选项不是真话，所以，第二选项为真。因此，B 匣和 C 匣都是由贝里尼所造。

再让我们来看看 A 匣和 D 匣这对。假设 A 匣上的刻字为假，那么 D 匣是由贝里尼家族一员所造，由此，D 匣上的陈述也为真。这意味着 A 匣是由贝里尼家族一员制作的，我们得到的是矛盾。因此，A 匣上的陈述为真。所以，D 匣上的陈述为假。至少陈述中的一选项为假。因为第一选项为真（因为 A 匣上的陈述为真），所以，第二选项为假。这意味着没有匣子是由贝里尼子孙或者切里尼子孙所造。因此，A 匣是贝里尼制作的，D 匣是切里尼所造。

第三部分

奇异传说

十、巴尔岛

A. 探求绝对真理。

曾经，我在某一本哲学教科书里读到这样的话——"真正的哲学家，是那个从窗户向外张望的九岁小女孩，她忽然转过头来问妈妈：'妈妈，让我感觉迷惑的是：世间万物都怎么出现的？'"

这一问题难住了许多哲学家，有些哲学家将这一问题看成是哲学最根本的问题。他们将这一问题用哲学术语如此表达出来："为什么万物存在，而虚无不存在？"

当你停下来开始思考这个问题时，你会发现，它是个特别好的问题，不是吗？说真的，为什么总有万物存在而不是虚无呢？曾经有一位哲学家，他决定穷尽一生去探求"为什么万物存在，而虚无不存在"的奥义。首先，他读了所有有关哲学的书籍，但没有哪本书能解答"为什么万物存在，而虚无不存在？"的原因。后来，他又向宗教领域求教。他咨询了所有博学的拉比、祭司、主教、牧师，还有其他宗教领袖，但没有人能给出"为什么万物存在，而虚无不存在"的令人满意答案。

接着，他又转而向东方哲学探寻。他在印度和中国西藏云游了近十二年，拜访了各派别的宗师，但没人能解释"为什么万物存在，而虚无不存在"。接着，他又在中国和日本度过十二年，与各派系的道士和禅师会面。最终，他遇见一位病榻上垂垂欲熄的智者，那人说：

"可惜，孩子，我自己不知道'为什么万物存在，而虚无不存在'的原因。地球上唯一能得到这个问题答案的地方，是一个叫巴尔的岛。岛上，巴尔神庙的一位得道高僧知道这个问题的终极答案。"

"那巴尔岛在哪里？"哲学家急切地问。

"唉！"老者回复，"我也不知道。事实上，我还不知道有谁真的找到去巴尔岛的路呢。我所知道的是一处地图上没有的岛屿群，在这些岛屿中有座岛上保留着一张通往巴尔岛的地图，上面清晰标注着巴尔岛的位置。我不知道岛屿群中具体哪个岛你能找到地图，我所知的，只是这岛在岛屿群中，而且这岛名为'摩耶'。不过，所有岛上都只有永远说真话的骑士和只说假话的流氓，所以，你务必要小心！"

这是哲学家二十四年来听到最有希望的消息了！随后，他没有太费力就找到了那处岛屿群，然后有计划地一座岛接一座岛地探寻，希望找到那座摩耶岛。

142. 第一座岛。

来到第一座岛，他遇见两位当地居民 A、B，两人说了下面的话：

A：B是骑士，并且这座岛是摩耶岛。

B：A是流氓，并且这座岛是摩耶岛。

这座岛是摩耶岛吗？

143. 第二座岛。

在这座岛上，有两位当地人A和B，做出如下陈述：

A：我们俩都是流氓，而且这座岛是摩耶岛。

B：是真的。

这座岛是摩耶岛吗？

144. 第三座岛。

在这座岛上，A和B是这样说的：

A：至少我们中一人是流氓，而且这里是摩耶岛。

B：是真的。

这座岛是摩耶岛吗？

145. 第四座岛。

在这座岛上，两位当地人A和B说：

A：我们两个都是流氓，而且这里是摩耶岛。

B：我们两人中至少一人是流氓，而且这里不是摩耶岛。

这座岛是摩耶岛吗？

146. 第五座岛。

有两位当地人A和B，说：

A：我们两人都是流氓，而且这里是摩耶岛。

B：我们两人中至少一人是骑士，而且这里不是摩耶岛。

这座岛是摩耶岛吗？

147. 第六座岛。

在这座岛上，有两位当地居民 A 和 B 做出如下陈述：

A：或者 B 是骑士，或者这里是摩耶岛。

B：或者 A 是流氓，或者这里是摩耶岛。

这座岛是摩耶岛吗？

148. 通往巴尔岛的地图。

我们的哲学家找到了摩耶岛。然而，寻找地图和巴尔岛位置的这项任务没他预料的那么容易。他需要面见摩耶岛的大祭司。祭司领他来到一房间，屋内的桌上有三张地图 X、Y、Z。祭司解释说，三张地图中有一张是指向巴尔岛的地图，另外两张地图则通向魔鬼岛。一旦到达魔鬼岛上，人就会立刻毁灭。哲学家需要从中选出一张地图。

房间里有五位巫师 A、B、C、D 和 E，每位巫师不是骑士就是流氓。他们给出了如下建议：

A：X 是正确的地图。

B：Y 是正确的地图。

C：A 和 B 不都是流氓。

D：或者 A 是流氓，或者 B 是骑士。

E：或者我是流氓，或者 C 和 D 是同一类型的（同是骑士或全为流氓)。

X、Y、Z三张地图,哪张是正确的?

B. 巴尔岛。

在所有骑士和流氓岛中,巴尔岛是最不可思议、最引人注目的。这座岛上只住着人类和猴子。猴子们和人一样高,也和人类一样流利地讲话。每只猴子和人类一样,也或者是骑士,或者是流氓。

在岛的正中央矗立着巴尔神庙,它是全世界最宏伟辉煌的寺庙之一。里面的高僧都是玄学大家,神庙的内殿里可以找到一位僧人,传言他知道宇宙的终极奥义,即"为什么万物存在,而虚无不存在"的答案。

渴求能够获得神圣知识的人才被允许可以参观内殿,但首先,此类人要能够通过三重考验,证明自己不负所望。这些秘密都是我偷偷地探听到的。当时我只好假扮成一只猴子。我这样做可是冒着极大的个人风险呢,假如我一旦被抓,惩罚将是不可想象的。不仅仅是消灭了我,这些高僧也许会修改宇宙法则,那样,我可能甚至都不会出生!

我们的哲学家挑选出了正确的地图,安全地来到了巴尔岛,同意参加考验。第一重考验设立在一间名为"外殿"的巨大房间。屋中间的金宝座上端坐着一个头戴僧帽、身着袈裟的身影。他或者是人类,或者是猴子,而且要么是骑士,要么是流氓。他说了一句神圣的话,从这句话里,哲学家需要推断出他是什么人——是骑士还是流氓,是人类还是猴子。

149. 第一次考验。

说话者:"我或者是流氓,或者是猴子。"

他是什么身份?

150. 第二次考验。

说话者:"我是流氓,而且是猴子。"

他是什么身份?

151. 第三次考验。

说话者:"我不是猴子骑士。"

他是什么身份?

哲学家通过了三次考验,得以来到第二重考验,这是连续三天在另外一间被称为"中殿"的宽阔房间进行的。屋中的白金宝座上坐着紧挨着的两道人影。他们说了神圣的话,哲学家要根据他们所言去推断出他们每个人的身份。我们暂且称这两人为说话者 A 和 B。

152. 第四次考验。

A:我们中至少一人是猴子。

B:我们中至少一人是流氓。

A 和 B 是什么身份?

153. 第五次考验。

A:我们都是猴子。

B：我们都是流氓。

A 和 B 是什么身份？

154. 第六次考验。

A：B 是流氓，是猴子，我是人类。

B：A 是骑士。

A 和 B 是什么身份？

通过了第二重考验，哲学家开始接受第三重考验，这一重考验只有一道测试题，但却是最复杂难解的。

155.

有四扇门 X、Y、Z、W 是离开中殿的通道。其中至少有一扇门是通往内殿的。如果你走错了门，可能会被凶猛的恶龙吞噬掉。

门这一侧有八位僧人 A、B、C、D、E、F、G、H，每个人或者是骑士或者是流氓。他们对哲学家说出下面这些话：

A：X 门是好门。

B：Y 门和 Z 门中至少有一扇是好门。

C：A 和 B 都是骑士。

D：X 门和 Y 门都是好门。

E：X 门和 Z 门都是好门。

F：或者 D 或者 E 是骑士。

G：如果 C 是骑士，那么 F 也是。

H：如果 G 和我都是骑士，那么 A 也是。

哲学家应该选择哪扇门？

156. 到达内殿!

哲学家选择了正确的门,安全到达内殿。屋中各自端坐在钻石宝座上的是两位全世界最博学伟大的高僧,他们两人中至少其中一人能给出亘古大难题"为什么万物存在,而虚无不存在?"的答案。

当然,两位伟大的高僧不是骑士就是流氓。(他们是人类还是猴子已经不重要了。)我们不知道他们是骑士还是流氓,也不知道哪个人知道大难题的答案。两位高僧做出如下陈述:

第一位僧人:我是流氓,而且我不知道为什么万物存在而虚无不存在。

第二位僧人:我是骑士,而且我不知道为什么万物存在而虚无不存在。

这两位高僧中,是否有人真的知道"为什么万物存在而虚无不存在"的答案?

157. 终极答案!

现在,你即将要找出亘古大难题"为什么万物存在而虚无不存在"的真正答案了!

两位僧人中的其中一位,实际上正是那位知道大难题答案的人,被哲学家问道:"为什么万物存在,而虚无不存在?"他给出了如下的答复:

"万物存在,而虚无不存在。"

从他的话中,你能得到最极端的结论是什么?

解答。

142.

假设 B 是骑士，那么这里就是摩耶岛，而且 A 是流氓。所以，A 的陈述为假，也就是说 B 不是骑士，这里也不是摩耶岛。而 B 在假设前提下是骑士。所以，这句陈述的前一部分为真，而后面部分为假，所以，这里不是摩耶岛。如果 B 是骑士，那么得出的结论是这座岛既是又不是摩耶岛，所以 B 一定是流氓。

既然 B 是流氓，可以得出 A 也一定是流氓（因为 A 说 B 是骑士）。B 是流氓，所以他的陈述为假，于是，A 是流氓和这里是摩耶岛就都不是真的。但第一部分的陈述已经为真（因为 A 的确是流氓），所以，陈述的后一部分必定为假，因此，这里不是摩耶岛。

143.

很明显 A 是流氓（一位骑士永远不能说出 A 说的这样的话）。而 B 同意 A 的话，B 也就是流氓。既然 A 的陈述为假，那么（1）他们俩都是流氓和（2）这里是摩耶岛就不是真的。然而（1）为真，所以（2）为假。因此，这座岛不是摩耶岛。

144.

既然 B 同意 A 的话，那么他们或者同是骑士，或者全部是流氓。如果他们两人都是骑士，那么"至少我们中一人是流民"就不成立，而 A 是骑士，他不会说假话，所以 A 不可能是骑士。因此，两人都是流氓。这意味着 A 的陈述为假。但 A 的陈述中第一部分为真（他们都是流氓，也就是至少两人中一人是流氓），所以第二部分必定为假。因此，这里不是摩耶岛。

145.

A 肯定是流氓，因为骑士不可能说这样的话。如果 B 是骑士，那么根据他的陈述，这里不是摩耶岛。如果 B 是流氓，那么 A 的前半句陈述为真，但 A 的陈述是假的，因为 A 是流氓，所以，后半句陈述必定为假。所以，这种情况下，结果仍是：这里不是摩耶岛。

146.

同样的，A 必定是流氓，B 可能是骑士，也可能是流氓，但无论在哪种情况下，这里都不是摩耶岛。

147.

如果 A 是流氓，那么他的析取陈述句的前后两部分都为假，这意味着 B 是流氓。也就意味着 B 所说的析取陈述句的前后两部分也都为假，那么 A 是骑士。这就形成了矛盾，所以，A 一定是骑士。故而，他的陈述为真，即或者 B 是骑士，或者这里是摩耶岛。如果后半句陈述为真，那么这里就是摩耶岛了。假设是第一部分为真，即假设 B 是骑士。如此一来，B 的陈述"或者 A 是流氓，或者这里是摩耶岛"也应为真。但 A

不是流氓，所以前半句陈述为假。由此，后半句陈述为真，所以这里就是摩耶岛。

再重复一遍论点的这部分，我们可以看到"或者 B 是骑士，或者这里是摩耶岛"成立。但同样的，如果 B 是骑士，我们仍能得出"这里是摩耶岛"的结论。因此，这里就是摩耶岛。

就这样，我们终于找到摩耶岛了！终于啊！

148.

如果 E 是流氓，那么"或者我是流氓，或者 C 和 D 是同一类型的"就成真话了。这意味着流氓说了真话，这是不可能的，因此，E 是骑士。因为他的陈述为真，所以，"或者我是流氓，或者 C 和 D 是同一类型的"为真。而他不是流氓，于是，C 和 D 是同一类型的。

假设 C 是流氓。那么 A 和 B 都是流氓。即 D 的陈述为真，所以 D 是骑士。而此时，C 是流氓，但 D 是骑士，这和"C 和 D 是同一类型的"这一事实相反。所以，C 一定是骑士；由此，D 也是骑士。既然 C 是骑士，那么 A 和 B 不都是流氓，所以，X 或者 Y 是正确的地图。假设 X 是正确的地图，那么 A 是骑士，B 是流氓，这和 D 的真陈述"或者 A 是流氓，或者 B 是骑士"相反。因此，X 不可能是正确的地图，正确的地图是 Y。

149.

如果说话者是流氓，那么他或者是流氓或者是猴子成立，这样，他的陈述就为真了，与假设的他是流氓相冲突。所以，他是骑士。这意味着他所言为真，所以，他或者是流氓或者是猴子。而他不是流氓，所以，他是只猴子。因此，他是位猴子骑士。

150.

很明显，说话者不会是骑士，所以，他是流氓，而且他所言为假。由此，他或者是骑士，或者是人类。已证明他不是骑士，那么，他是人类。因此，他是人类流氓。

151.

假设说话者是流氓。那么陈述"我不是猴子骑士"即为真，我们就得出了流氓说出真话的结论。所以，说话者是骑士。这样一来，他就真的不是猴子骑士。如果他是猴子，那么他就成了猴子骑士。所以，他是人类。因此，他是人类骑士。

152.

B不可能是流氓，否则他的陈述就为真了。所以B是骑士。而他所言为真，A必定是流氓。如此一来，A的陈述为假，所以，他们两人都是人类。因此，A是人类流氓，B是人类骑士。

153.

B一定是流氓，因为骑士不会说出这样的话。如此一来，A和B不全都是流氓，所以，A是骑士。A的所言为真，两人都是猴子。因此，A是猴子骑士，B是猴子流氓。

154.

假设B是骑士。A也是骑士（因为B说他是），这样B就成了流氓和猴子，这和假设冲突。所以，B是流氓。这样，根据B的陈述，A也是流氓。所以，A的陈述前半部分为假，"B是流氓，是猴子"为假。但B的确是流氓，所以B一定不是猴子。因此，B是人类流氓。而从A的后半句陈述可知A是猴子。所以，A是猴子流氓。

155.

我们首先来证明G是骑士。为此，只需验证出他所言为真就够了。我们先来证明：如果C是骑士，那么F也是。我们先假设C是骑士，然后推导出F也是骑士，证明便完成。

假设C是骑士。那么A和B都是骑士。所以，X门是好门，Y门或者Z门也是好门。

情况一：Y门是好门。那么X门和Y门都是好门。这种情况下D是骑士。

情况二：Z门是好门。那么X门和Z门都是好门。这种情况下，E是骑士。

由此可知，或者D或者E是骑士。所以，F的陈述为真，他是骑士。

我们假设C是骑士，从而推导出F也是骑士的结论。所以，"如果C是骑士，那么F也是"这句陈述为真。这正式G

所言，因此 G 是骑士。

现在，我们来证明 H 的陈述为真。H 说如果 G 和 H 都是骑士，那么 A 也是。假设 H 是骑士。G 和 H 就都是骑士。这是真的，而且如果 G 和 H 都是骑士，A 也是（因为 H 如此说的，而我们已经假设 H 是骑士）。由此，如果 H 是骑士，那么（1）G 和 H 都是骑士；（2）如果 G 和 H 都是骑士，那么 A 也是。从（1）和（2）能够推断出 A 是骑士。所以，如果 H 是骑士，那么 A 也是。这正是 H 所言，因而 H 必定是骑士。他的陈述为真，那么 G 和 H 都是骑士，A 也是骑士。

现在我们已经证明出 A 是骑士。因此，X 是真正的好门。所以，哲学家应该选择 X 门。

156.

第一位僧人不可能是骑士，他一定是流氓。由此，他所言为假，这意味着"我是流氓，而且我不知道'为什么万物存在，而虚无不存在'"这一陈述为假。但他的确是流氓，可知陈述前半部分是真的。所以，后半部分陈述必定为假，他是知道答案的。因此我们可以得出结论：第一位僧人是流氓，并且知道答案。

至于第二位僧人，他的身份无法界定；他可以是一个不知道答案的骑士，也可以是流氓。不管怎样，如果他知道答案，那他就是流氓（这点对下一问题至关重要）。

157.

我们已经证实了第一位僧人知道大难题的答案，而他是位流氓，而第二位僧人，如若他知道答案，那他也是流氓。我们已经知道说出"万物存在，而虚无不存在"这句话的人是知道答案的那人。所以，说出这句答案的是流氓，由此，陈述"万物存在，而虚无不存在"为假！这意味着万物都不存在！

所以嘛，似乎哲学家毕生追寻的绝对真理是虚无是永恒存在的。不过，好像有一点差错；如果什么都不存在，那么说出这句话的高僧又从何而来?

顺着这个思路想，我所描述的整座巴尔岛就不存在了。它不仅仅是没有存在（虽然从故事的一开始它大概是可能存在的），而且能从逻辑上推导出它必定不存在。因为如果这座岛存在，那我的故事就是真的，这会从逻辑上推导出"虚无是永恒存在的"这一结论（正如我之前证明的）。这就形成了矛盾，因此，巴尔岛并不存在。

令人费解的是，直到最后一个故事（谜题157），我讲给你听的所有事情，无论情节看上去多么不合常理，从逻辑上来说，都是讲得通的。然而，我给你讲述了最后一个故事，这故事成了"压死骆驼的最后一根稻草"，之前故事所有的一切都成了镜花水月。

十一、僵尸岛

A. "吧"与"哒"。

在海地附近的某座小岛上,有一半的当地居民被巫毒教的巫术变成了僵尸。岛上的僵尸并不像传统印象中的僵尸形象,他们不是沉默不语的,也不像死尸一样,他们就像普通人一样行动自由,可以言语。只不过,岛上的僵尸只说假话,而岛上的人类永远都说真话。

到这里,听上去很像另外的骑士与流氓的情形而已,只不过换了场景,不是吗?可不是这样!这次情况极其复杂,因为尽管所有当地人都听得懂英语,但因为岛上有古老的戒律,禁止他们用不是当地话的其他语言交流。当你问起他们一个用"是或不是"回答的问题时,他们只回答"吧"或者"哒"——其中一个是表示"是"的意思,一个是"不是"的意思。麻烦的是,我们不清楚"吧"和"哒"哪个表示"是",哪个表示"不是"。

158.

我曾遇见岛上的一位居民,问他:"'吧'的意思是'是'

吗?"他回答:"吧。"

(a) 能否判断出"吧"是什么意思?

(b) 能否判断出他是活人还是僵尸?

159. _____

如果你在岛上遇见一当地人,能不能用一句话找到"吧"是什么意思的答案?(记住,他的回答是"吧"或者"哒"。)

160. _____

假设你对"吧"是什么意思不感兴趣,你只想弄清楚说话的人是不是僵尸,你能否用一句话知道答案?(同样的,他还是只会回答"吧"和"哒"。)

161. 让巫师说"吧"。_____

你还在这座岛上,打算迎娶国王的女儿。国王希望自己的女儿嫁给真正的智者,所以,你必须通过一场考验。

考验是你可以问巫师一句任何想问的话,如果他能回答"吧",你就可以迎娶国王的女儿;如果他回答"哒",你就成不了亲。

你所面临的问题是:构思一个问题,不论巫师是活人还是僵尸,不管"吧"代表的是"是"还是"不是",他都将回答"吧"。

162. _____

这里有道更难的题。传言称这座岛上有金子。你来到了小岛，在你勤奋挖掘之前，你想要知道这里到底有没有金子。岛上所有人都知道是否真的有金子。怎样用一句话问岛上随便一位当地人，你就能知道这个问题的答案？记住，他可能回答"吧"或者"哒"，从他的回答里你必定要清楚这里是否有金子，不管"吧"和"哒"的真正含义是什么。

B. 克雷格探长来了。

163.

在临近的一座岛上，活人和僵尸共存，"吧"和"哒"仍是当地话中的"是"和"不是"，但顺序可不一定是这样的。有些当地人仍然用"吧"和"哒"回答问题，但有些当地人已经突破禁忌，开始用"是"或"不是"来回答问题。

出于某种奇特的原因，已知岛上的每个家庭，所有成员都是同一类型的。尤其是当特别说到某一对兄弟的时候，他们或者全是活人，或者都是僵尸。

一位当地人被怀疑有叛国罪。这件案子非常重要，以至于从伦敦请来了克雷格探长。三位关键证人 A、B、C 都是岛上本地人。以下摘抄的证词来自庭审记录，由克雷格探长提问。

问向 A：被告人是无辜的吗？

A 的回答：吧。

问向 B："吧"的意思是什么？

B 的回答："吧"是"是"的意思。

问向 C：A 和 B 是兄弟吗？

C 的回答：不是。

再次问向 C：被告人是无辜的吗？

C 的回答：是的。

被告是无辜的，还是有罪？

164.

上面这道谜题中，能否判断出 A 和 B 是否是同一类型？

165. 半僵尸人。

审讯结束后，克雷格探长去拜访了邻近另一座怪诞的小岛，那里的当地居民有活人，有些是僵尸，而另外一些人是所谓的半僵尸人。这些半僵尸人受巫毒教的巫术支配，但有时候这些咒语并不完全灵验。结果是，这些半僵尸人有时说谎，有时说真话。同样地，当地说"是"和"不是"的词语是"吧"与"哒"（实际顺序可能不是这样的）。当地人对于回答"是/否"的问题，有时用英语回答，有时用"吧"和"哒"回答。

克雷格探长遇到一位当地居民，问了他下面这个问题：当有人问起你"是否'吧'的意思为'是'？"时，用你们当地语言来回答，你会说"吧"吗？

当地居民回答了，但克雷格探长没有记录他的确切回答，也没写明他是用英语还是用当地语言回答的。克雷格探长只写下：从听到答案来说，他已经知道说话者是活人、僵尸还是半僵尸人了。

说话者的回答是怎样的呢？是用英语还是当地方言说的？

166.

哪一个？

在同一座岛上的另一次，克雷格探长问起一位当地人如下问题：当有人问起你"是否二加二等于四？"时，用你们当地人的语言来回答，你会说"吧"吗？

克雷格探长仍然没有记录得到的回答是"吧""哒""是""不是"中的哪一个，但他写下：从对方的回答可以推断出说话者是活人、僵尸还是半僵尸人。

他得到的是什么回答呢？

解答。

158.

无法判断"吧"是什么意思，但我们能推断出说话者一定是活人。

假设"吧"的意思为"是"，那么，"吧"就是问题"'吧'的意思是'是'吗？"的回答。所以，在这种情况下，说话者是活人。

假设"吧"的意思为"不是"，那么，问题"'吧'的意思是'是'吗？"的答案应为"不是"，即"吧"也是这一问题的真正答案。所以同样的，说话者是活人。因此，无论"吧"是代表"是"还是"不是"，说话者都是活人。

159.

你只需要问他是不是活人。岛上所有当地人都声称自己是活人,所以不论是人类还是僵尸都会肯定地回答。因此,如果他回答"吧",那么"吧"就代表"是的";如果他回答"哒",那么"哒"就代表"是的"(而"吧"此时代表"不是")。

160.

谜题158正好可以解决这个问题,你只需要问他:"'吧'是'是'的意思吗?"如果"吧"的意思为"是",那么这一问题的正确答案是"吧",所以活人会回答"吧",而僵尸会回答"哒"。如果"吧"的意思不是"是",那么这一问题的正确答案是"吧",所以,活人会回答"吧",而僵尸会说"哒"。

161.

有很多办法可以解决这个问题。一种方法是:向巫师提问"吧"是否是他为活人与否的答案?我们可以证明出他必定会回答"吧"。为了解释简洁方便理解,我们用H代替问题"你是活人吗?"这句话。记住,你不是在追问H是真还是假,而是要知道"吧"是否是H的正确答案。

情况一:他是活人。如果"吧"的意思为"是",那么"吧"是H问题的正确答案,所以,如果他是活人,他会如实回答,会说"吧"。如果"吧"的意思为"不是",那么"吧"就不是H问题的正确答案,所以,巫师仍会如实告诉你不是的,这时他会说"吧"(意思为"不是")。所以,不管"吧"的意思是"是"还是"不是"，身为活人的他都会回答"吧"。

情况二：他是僵尸。如果"吧"意味着"是"，那么"吧"就不是 H 问题的正确答案，但他是僵尸，所以他会说假话，说它就是正确答案，这时，他会回答"吧"（意思是，"没错，是正确的答案"，这当然是个谎言）。如果"吧"意味着"不是"，那"吧"就是 H 的正确答案，所以，他会说谎，说它不是正确答案，这时他会说"吧"（意思是：不是）。所以，不管"吧"的意思为"是"还是"不是"，身为僵尸的他都会回答"吧"。

还有其他问题同样可以满足谜题的要求。比方说下面这些：

（1）以下哪种是事实：或者你是活人且"吧"的意思为"是"，还是你是僵尸而"吧"的意思为"不是"？

（2）以下哪种是事实：你是活人当且仅当"吧"的意思为"是"？

162.

这道题仍然有很多种答案。其中之一是，你可以这样问："如果有人问你岛上是否有黄金，你的答案会是'吧'吗？"我们能证明出，如果岛上有金子，他会回答"吧"；如果没有，他会回答"哒"，不管他是活人还是僵尸，也不论"吧"和"哒"各自的真正含义。

我们用 G 来代表"岛上有黄金吗？"这句话。

情况一：他是活人，而"吧"代表"是"。假设岛上有金子，那么他如果用"吧"来回答问题 G，作为活人，他会如实告诉你实情，所以他会回答"吧"，所以，你给出的问题他的回答会是"吧"。假设岛上没有金子,那么,他不会用"吧"来回答问题 G,作为活人他会说真话,说自己不会用"吧"回答,所以,他此时会用"哒"来回答你的问题。

情况二:他是僵尸,而"吧"代表"是"。假设岛上有金子,那么,"吧"就是问题 G 的正确答案,作为僵尸,不会用"是"来回答问题 G。但他会骗你,用"吧"来谎称自己会告诉你的。所以,他给你的答案是"吧"。假设岛上没有金子,"吧"就不是问题 G 的正确答案,这样,他就如实地回答了有关 G 的问题了。但他会对你说假话,说他不会说"吧"的,因此,他会用"哒"来回答你。

情况三:他是活人,而"吧"代表"不是"。假设岛上有金子,那么,"吧"就不是问题 G 的正确答案,活人不会这么回答的。他会如实地告诉你,他不会说"吧"的,因此,他对你的问题回答是"吧"。假如岛上没有金子,"吧"便是问题 G 的正确回答,所以,活人对你的问题 G 会直接说出实情。因此,他会用"哒"来回答你的问题。(意思是:"是的,我会用'吧'来回答 G")。

情况四:他是僵尸,"吧"代表"不是"。假设岛上有金子,他实际上该用"吧"来回答 G,但他会告诉你他告诉不了,所以,他会用"吧"来回答你的问题。假设岛上没有金子,他实际上该用"哒"来回答问题 G。但他会告诉你他可以告诉你。所以,你的问题他会回答"哒"。

总结来说,如果岛上有金子,那么四种情况下,你都会得到"吧"作为答案;如果岛上没有金子,你得到的答案将是

"哒"。

另外一个问句同样也可以："是否是这样：你是活人，当且仅当'岛上是否有金子'这一问题的答案是'吧'？"

163.

我来首先证明 C 不可能是僵尸。假设 C 是僵尸，那么 A 和 B 就是兄弟，所以，他们或者全是活人，或者都是僵尸。假设他们都是活人，那么"吧"就真的代表"是"，这样 A 实际上相当于对"被告人是无辜的吗"这一问题说了肯定的答复"是"。此时，被告人是无辜的。假设 A 和 B 都是僵尸，那么"吧"的真正含义是"不是"，既然 A 是僵尸，而他用"不是"回答了"被告人是无辜的吗？"这一问题，可知被告人是无辜的。所以，如果 C 是僵尸，那么被告人是无辜的（不论 A 和 B 全是活人，还是都为僵尸）。从另一方面来讲，如果 C 是僵尸，那么被告人必定有罪，因为 C 说了他无罪。这就形成了矛盾；所以，C 一定不是僵尸，因此，他是活人。而既然作为活人的 C 声称被告人是无辜的，那么被告人就真的无罪。

164.

既然 C 是活人，那么 A 和 B 就不是兄弟。这当然不是指他们一定就是不同类型的；即使他们不是兄弟，他们也可以是同一类型。事实上，他们必然是同一类型的，因为如果他们不是同一类型的，那么被告人就有罪了。读者可以轻易地自己证实这点。

165.

　　所有四种回答里——"吧""哒""是""不是",既不是活人也不是僵尸说的只有一种答案:"不是"。详细来讲,如果说话者是活人或者僵尸其一,倘若他用英语回答,他的回答应该是"是";如果他用当地语言回答,若"吧"的原意是"是",他们都将回答"吧"(不论说话者是活人还是僵尸),如若"吧"的原意是"不是",那他会回答"哒"(我把这点留给读者自己去证明)。所以,如果克雷格探长得到的是除了"不是"之外的答案,他就无法得知说话者的身份。但探长的确已经推断出来了,因此,他得到的答案是"不是",而说话者是半僵尸人。

166.

　　说话者仍然是半僵尸人,而且克雷格探长知道对方的身份是因为得到了答案"哒"。假设说话者用英语回答,克雷格探长就不知道了,因为活人和僵尸都可以回答"是"(如果"吧"的意思是"是"),也都可以回答"不是"(如果"吧"的意思是"不是")。假设说话者回答的是"吧",那么他既可以是活人或僵尸,也可以是半僵尸人。

十二、德古拉还活着吗?

A. 在特兰西瓦尼亚。

不论布莱姆·斯托克是怎么描述给我们听的,我有坚定的理由质疑德古拉伯爵并没有真的被消灭。为此,我决定去特兰西瓦尼亚亲自调查一番。我此行目的有:(1)确定德古拉伯爵是否真的还活着;(2)倘若他已经被杀死,我希望可以看到他的真身遗骸;(3)倘若他还活着,我希望可以见到他本尊。

当我来到特兰西瓦尼亚时,得知这里一半的居民是活人,一半是吸血鬼。从外观上,无法区分活人和吸血鬼,但活人(至少在特兰西瓦尼亚)总是说真话,而吸血鬼只说谎。让情况更复杂的是,特兰西瓦尼亚有一半的人彻底神智失常,他们的信念完全错乱——所有的真命题他们会相信那是假的,而所有的假命题他们又坚信是真的。另外一半人则神智健全,知道什么样的命题为真,什么样的命题为假。于是,特兰西瓦尼亚的当地居民可分为四类:(1)正常的活人;(2)疯癫的活人;(3)正常的吸血鬼;(4)疯癫的吸血鬼。正常的活人所言皆是真;疯癫的活人所言都为假;正常的吸血鬼说假话;疯癫的吸血鬼说真话。举例来说，一个正常的人类会说：二加二等于四，而疯癫的人类会说"不是这样的"（因为他真的相信不是）；一个正常的吸血鬼会说"不是这样的"（因为他知道是，但他会说谎），疯癫的吸血鬼则会说"是这样的"（因为他相信不会，却要在自己相信的事情上说谎）。

167.

我有一次遇到一位特兰西瓦尼亚人，他说："或者我是活人，或者我是神智正常的。"他是哪一类的？

168.

另一次，一位当地居民说："我不是正常的活人。"他是哪一类的？

169.

还有一次，一位居民说："我是疯癫的活人。"他和上一谜题中的居民是同一类型的吗？

170.

我曾经遇到一位当地人，问他："你是疯癫的吸血鬼吗？"他回答了"是"或者"不是"，我由此知道他是哪种类型的人。他是哪一类的？

171. _____

我曾遇到一位特兰西瓦尼亚人,他说:"我是吸血鬼。"能否推断出他是人类还是吸血鬼?能否推断出他是否神智正常?

172. _____

假设一位特兰西瓦尼亚人说:"我是疯癫的。"

(a)能否判断出他是否神智正常?

(b)能否判断出他是人类还是吸血鬼?

173. _____

精妙的谜题。

命题"若P,则Q"的逆命题是"若Q,则P"。现在,有两句陈述X和Y,这两句为互逆命题。

(1)从其中一句无法推断出另一句。

(2)如果一位特兰西瓦尼亚人说了其中一句,那么另外一句必定为真。

你能举例说出这样的两句命题吗?

174. _____

已知有一命题X,假设一位特兰西瓦尼亚人认为命题X成立并且自己相信这一事实,是否意味着X必定为真?假设他认为命题X成立,并且自己不相信,是否能推断出X必定为假?

175. _____

假设一位特兰西瓦尼亚人说："我相信命题 X。"如果他是活人，是否能推导出命题 X 必定为真？如果他是吸血鬼，能否推导出命题 X 必定为假？

这道题的答案构成了一条非常重要的通用法则！

176. _____

曾遇到过两位特兰西瓦尼亚人，A 和 B。我问 A："B 是活人吗？"A 回答："我相信是这样的。"接着，我又问 B："你相信 A 是活人吗？"B 会给出什么答案呢？（假设他用"是"或"不是"来回答）？

177. _____

我们定义一下特兰西瓦尼亚居民，如果他或者是神智正常的活人或者是疯癫的吸血鬼，我们就将他们划为"可靠的"一类，如果他是疯癫的活人或者正常的吸血鬼，我们就将他们划为"不可靠的"一类。可靠的人们总是说真话，而不可靠的人们总是会说假话（不论是出于恶意还是神智错乱的原因）。

假设你问一位特兰西瓦尼亚居民："你是可靠的吗？"他给了你一个"是"或"不是"的答案。你能从他的答案里推断出他是否是吸血鬼吗？你能推断出他是否神智正常吗？

178. _____

假设，你没有问上面的话，而是问："你相信自己是可靠的吗?"他给了你一个"是"或"不是"的答案。你能从他的答案里推断出他是否是吸血鬼吗?能推断出他是否神智正常吗?

B. 德古拉伯爵是否还活着?

179. _____

我们还记得我来到这里想搞清楚的第一个重要问题是:德古拉伯爵是否还活着。我向一位特兰西瓦尼亚居民询问这个问题,他说:"如果我是活人,那么德古拉伯爵就还活着。"能否判断德古拉伯爵是否还活着?

180. _____

另一位特兰西瓦尼亚居民说:"如果我神智正常,那么德古拉伯爵就还活着。"能否判断德古拉伯爵是否还活着?

181. _____

另外一次,一人说:"如果我是神智正常的活人,那么德古拉伯爵就还活着。"能否判断德古拉伯爵是否活着吗?

182. _____

假设一位特兰西瓦尼亚居民说:"如果我或者是神智正常的活人,或者是疯癫的吸血鬼,那么德古拉伯爵就还活着。"能否判断德古拉伯爵是否还活着?

183._____

特兰西瓦尼亚人能不能仅仅用一句话就让你相信德古拉的确还活着,而这句话是假话?

184._____

特兰西瓦尼亚人能不能仅仅用一句话就让你相信德古拉的确还活着,而这句话你却无法分清是真是假?

185._____

假设一位特兰西瓦尼亚人做出如下两句陈述:

(1) 我神智正常。

(2) 我相信德古拉已经死去。

能否推断出德古拉是否还活着?

186._____

假设一位特兰西瓦尼亚人做出如下两句陈述:

(1) 我是活人。

(2) 如果我是活人,那么德古拉伯爵就还活着。

能否推断出德古拉是否还活着?

C. 该问什么问题?

187._____

你能否用一句话问一位特兰西瓦尼亚人,从而得知他是否为吸血鬼?

188.

你能否用一个问句从一位特兰西瓦尼亚人处得知他是否神智正常?

189.

你问一位特兰西瓦尼亚人什么问题,会迫使他回答"是的",不管这人是四个类型中的哪一类?

190.

你能否用一个问句从一位特兰西瓦尼亚人处得知德古拉伯爵是否还活着?

D. 身处德古拉伯爵的城堡中。

倘若我当初保持头脑警醒,领会出上一道谜题的答案,我也不至于给自己找来这么多麻烦。可惜,我当时非常疑惑,被真假话叠加上正常和疯癫这一层复杂的类型分组弄得晕头转向,根本无法有条理地思考。此外,和这些特兰西瓦尼亚人打交道,我还有点紧张,毕竟其中有些是真的吸血鬼。然而,谁会想到,另外一个更加惊心动魄的困境正等着我!

我仍然不知道德古拉伯爵是否还活着。我感觉只有当我亲身去往德古拉的城堡,才能找到答案。那时,我还不知道问题会更加复杂——原因很快大家就会明白。

我知道德古拉城堡的精确位置，而且据我了解，那里还很热闹。我还了解到，城堡有位主人。但我不清楚这位主人是不是德古拉伯爵本人（更不用说德古拉至今是否还活着了！），现在，德古拉的城堡只有通过邀请方可进入，而邀请函只发给特兰西瓦尼亚社会高贵的精英名流。于是，我不得不花费数月时间攀爬阶层，直到我发现自己有足够高的地位会被邀请。这一天终于到来了，我收到了一封邀请函——到德古拉城堡参加持续数昼夜的盛宴。

我满怀希望而去。很快，我就感受到第一次震惊。进入城堡后不久，我发觉自己仓促中没有记得带上牙刷、袖珍象棋和可以读的东西，所以，我起身出门，想要回到旅馆去。这时，一位身体异常强壮、面带凶悍之气的特兰西瓦尼亚人拦住了我，他用彬彬有礼却强硬的态度告诉我：在没有获得主人允许的情况下，凡是进入德古拉城堡的人不得离开。"那好，"我说，"那我想见见这位城堡主人。""现在，这一要求是不可能实现的，"他这么对我说，"但如果你愿意的话，我会替你捎信给他。"于是，我手写了一张字条，询问自己是否可以离开城堡一会儿。答复很快就到了；非常简洁，但挺让人沮丧的，答复是："当然不行！"

于是，在这里，我成了德古拉伯爵城堡里的囚徒！我能做什么呢？此刻，很显然我什么都做不了。我决定采取极富禅意的姿态，尽情享受宴会的款待，等到有机会再采取行动脱身。

那天夜晚的舞会是我之前闻所未闻见所未见过的盛大。大约凌晨两点时，我打算休息，被引领回到房间。有趣的是，尽管身处极端危险之中，我却酣然入睡。第二天接近中午时，我才起床，在饱餐了一顿丰盛大餐后，我混迹在纷攘的宾客中间，想了解更多讯息。这时，我感受到了第二次震惊。所有人（除了我自己）都属于特兰西瓦尼亚的一个小型名流圈子，他们交流时不说"是"和"不是"，而是用"吧"和"哒"来回答——就像僵尸岛上的那样！所以，我被困在这里，周围是所谓的"特兰西瓦尼亚精英名流"，每个人不是人类就是吸血鬼，不是神智正常就是疯癫的，在此之上，我还不明白"吧"和"哒"的含义！之前，在城堡外我遇到的特兰西瓦尼亚非名流圈子的复杂局面，现在又附加了僵尸岛的复杂性。看上去我来到这座城堡就像是前脚刚跳出油锅，后脚就落入火坑了。

想到这里，我恐怕失去了所有的禅意以及镇定的态度，一整天都完全笼罩在沮丧的氛围中。我很早就休息了，甚至没有心思去看第二天夜晚的盛会。我消沉地躺下，既无法入眠，又不想思考。忽然，我心中一惊，一跃而起。我发觉新的"吧"和"哒"难题其实很好对付。我兴奋地找出笔和记事本，立即写出下面这些问题：

191.

我可以找到城堡中任何一人，用一个问题（答案用"吧"和"哒"来回答）来知道他是不是吸血鬼。

192.

用一个问题我能知道他是否神智正常。

193._____

用一个问题我能知道"吧"的含义。

194._____

如果我想的话,我可以问城堡中的任何一人一个问题,迫使他回答"吧"。

195._____

用一个问题我能知道德古拉是否还活着!这些问题都是什么呢?

E. 德古拉之谜。

现在,我们来到最精彩的高潮!第二天,我搜集到了所有我想知道的信息——德古拉果真还活着,身体健康,实际上他正是城堡的主人。令我感到惊讶的是,我了解到德古拉实际上是一位疯癫的吸血鬼,所以,他说的每一句话都是真的。

可知道这点对我来说又有什么好处呢?我现在被命运摆布,不得不承受着被变成吸血鬼失去灵魂的风险。几天后,宴会结束,所有宾客都获准离开了,除了我。于是,只剩我孤零零地身处一座极其阴森恐怖的城堡里,沦为那位我从没见过的城堡主人的囚徒。

我并没有等多久。在将近午夜时分,我从沉睡中被粗鲁地叫醒,侍从彬彬有礼却态度强硬地把我押送到德古拉伯爵的私人房间,很明显,是德古拉想要见我。引领我的侍从离开了,我得以和德古拉伯爵本人面对面。在似乎永恒的沉默后，德古拉开口："你可知道，我经常给我的猎物一丝逃走的机会？"

"不，"我如实回答，"我不知道。"

"噢，确实是这样的，"德古拉回应，"我可不想让自己错过这么有意思的事情。"

不知怎的，我不是很喜欢他说话的腔调，总是透露着高高在上的傲慢姿态。

"你看，"德古拉继续说，"我会问我的猎物一道谜题。如果他能在一刻钟内给出正确的答案，我就还他自由。如果他没能回答出来，或者回答错误，我就会咬上去，他就会永远地变成吸血鬼了。"

"神智正常的还是疯癫的吸血鬼？"我很无辜地问道。

德古拉脸色骤变，暴躁起来。"你的笑话可不好笑！"他呵斥道，"你有没有清醒地认识到自己的危险处境？我可没心情和你开愚蠢的玩笑。再耍机灵的话，我甚至会撤销你回答的机会。"

这话听起来可太吓人了，但我的第一反应还是本能地好奇：为什么德古拉会冒着失去猎物的风险给这么一个机会呢？"您这样给猎物逃生的机会是因为心怀慈悲吗？"我问。

"慈悲？"德古拉用轻蔑的语气说，"呵，我可没有什么慈悲心肠。我只是尤其喜欢欣赏我的猎物在智力难题前焦虑痛苦的模样，他们抓耳挠腮、奋笔疾书、坐立难安，这种乐趣可比失去个猎物的小小可能性多太多了。"

"小小可能性"这个词不太让人感到心安。"哦，是的，"德古拉还说，"我还没有失去过猎物呢，所以你看啊，我又没什么损失。"

"好的，"我尽力稳住自己的心绪，"谜题是什么？"

196._____

德古拉仔细地端详了我一阵。"你问向我客人的问题非常聪明——哦，是的，我知道你问过的所有问题。真是相当有脑子。不过你也许没有自己想的那么聪明。你为自己想知道的信息构想了一个单独的问题，你从没想过一条简单的通用法则来提问，这样可以省去你很多脑力辛苦。有一句话 S 拥有这样神奇的属性，能给出你想要知道的任何信息的答案，比方说你想知道的任一句子 X 的真假值，你只需要问城堡中的任何一人，'是否 S 等同于 X？'如果你得到的答案是'吧'，X 必定为真；如果你得到的答案是'哒'，则 X 必定为假。举例来说，如果你想知道说话者是否是吸血鬼，你就这样问，'是否 S 为真，当且仅当你是吸血鬼？'若你想知道对方是否神智正常，你只需要问，'是否 S 为真，当且仅当你神智正常？'想知道'吧'是否意指'是'，你只需要问，'是否 S 为真，当且仅当'吧'为'是'的意思？'若要知道我是否还活着，你只需要问，'是否 S 为真，当且仅当德古拉还活着？'等等。"

"S 这句话是什么？"我怀着极大的好奇心问。"啊，"德古拉回应，"这个正是你要自己去找的答案！这就是给你出的谜题！"

说着，德古拉起身离开了房间。"你有十五分钟。你最好努力想想，赌注可是相当高呢！"

赌注的确很高！这是我生命中最难熬的十五分钟。我太害怕了，脑子瞬间什么想法都没有了。我敢肯定，德古拉正在从什么隐蔽的地方偷偷观察我。

十五分钟渐渐流逝，德古拉洋洋得意地踱步回来，张着嘴露出獠牙，慢悠悠地朝我袭来。越来越近，他几乎快贴到我身上了。突然间，我抬起头，大喊："当然！句子 S 就是……"

能救我一命的句子 S 是什么？

尾声。

见我解开了谜题，可怜的德古拉震惊不已，这一打击如此之大，以至于他当场灭亡了，只过了几分钟，他便瓦解成粉末归为尘土。现在，当有人问起我"德古拉伯爵还活着吗"时，我可以真实又准确地告诉他："吧。"

197.

这个故事有四处瑕疵。你能找到它们吗？

解答。

167.

他的回答或者为真，或者为假。假设回答为假，他既不是活人，神智也不正常，那么他一定是疯癫的吸血鬼。但疯癫的吸血鬼只说真话，这就形成了矛盾。所以，他的陈述必定为真。说真话的类型中只有正常的活人和疯癫的吸血鬼。如果他是疯癫的吸血鬼，那他就不是或者为人类，或者是神智正常的，他所言将为假。而我们已知陈述为真，因此，此人是神智正常的活人。

168.

他一定是疯癫的吸血鬼。

169.

不，这次他是神智正常的吸血鬼。

170.

一位神智正常的活人面对这个问题会回答"不是"。而其他三个类型的人都会回答"是"。倘若我得到的是"是"这个回答，我将不知道他是哪种类型的人。但我告诉你们了，我的确知道了，所以，他没有回答"是"。他回答了"不是"，从这个答案可知，他必定是神智正常的活人。

171.

无法判断此人是活人还是吸血鬼，但可以推导出他一定是疯癫的。神智正常的人类不会说自己是吸血鬼，而神智正常的吸血鬼知道自己是吸血鬼，会说谎说自己是活人。从另一方面来说，疯癫的活人相信自己是，而且也会如实说自己是吸血鬼，一位疯癫的吸血鬼会相信自己是人类，也会谎称自己是吸血鬼。

172.

这次,所有的推理能得出他是吸血鬼这一结论。神智正常的人不会说自己疯癫,而疯癫的人类会相信自己是正常的人类,所以也不会说自己是疯癫的。

173.

我确信有很多组这样的命题;我脑中想到的这组命题如下:

X:如果我神智正常,那么我是活人。

Y:如果我是人类,那么我神智正常。

假设说话者说的是 X 命题。我们要证明 Y 必定为真,即如果他是活人,那么他神智正常。假设他是活人,如果他神智正常,那么他是活人成立(因为他是活人,就这样),这意味着 X 为真。这样,说话者必定神智正常,因为疯癫的活人不能说出这样的话。所以,如果他是人类,那么他神智正常,由此,Y 为真。

反过来看,假设说话者说的是 Y 命题。我们要证明 X 为真。假设他神智正常,Y 必定为真。所以,说话者是活人(因为神智正常的吸血鬼不会说真话)。所以,他是活人(在他是神智正常的假设前提下)。因此,如果他神智正常,他是活人,即命题 X 为真。

174.

两道题的答案都是"是的"。假设一特兰西瓦尼亚人相信某一命题 X,这当然不能得出 X 必定为真的结论,因为他可能是疯癫的。但如果他认为命题 X 成立并且自己相信这一事实,那么命题 X 必定为真!这么解释来看,从另一方面来说,假设他是神智正常的,既然他相信一命题,而这命题就是他认为 X 成立,那么他相信的这命题——"认为 X 成立"必定为真。所以,他实际上认为 X 是成立的。这样,他是神智正常的,X 命题必定为真。从另外一个角度来讲,假设他是疯癫的。既然他认为命题 X 成立并且自己相信这一事实,那么他相信的命题 X 必然为假。而且他并不是真的相信命题 X(他只是这么认为自己相信的!)。既然他并不是真的相信命题 X,而他又是疯癫的,那么 X 必定为真。

我们已经证明出:如果一特兰西瓦尼亚人认为命题 X 成立并且自己相信这一事实,那么 X 命题必定为真,不管此人是否神智正常。同样的,我们也能证明出:假如他认为命题 X 成立并且自己不相信,能推断出 X 必定为假。我们把这部分推理过程留给读者们。

175.

两道题的答案仍然是"是的"——这是前面解释问题的推论。

假设 A 声称自己相信命题 X。假设 A 是活人,那么他会相信自己所说的,所以,他会相信自己相信命题 X。接着,根据我们对谜题 174 的解答可知,X 必定为真,不论 A 是神智正常的,还是疯癫的。同样地,假设 A 是吸血鬼。那么他不相信自己所说的,所以,他不会相信自己相信命题 A 的。因此,X 命题必定为假,不论 A 是否神智正常。

176.

A 声称他相信 B 是活人。B 则会说，他相信 A 是活人，或者他相信 A 不是活人。如果后者成立，我们就得到了以下矛盾：

我们有：

（1）A 说他相信 B 是活人。

（2）B 说他相信 A 不是活人。

假设 A 是活人。那么根据命题（1），由谜题 175 得知的通用法则可知，B 是活人。而根据命题（2），（由同一法则）可推导 A 不是活人。这和 A 是活人的假设前提相矛盾。

假设 A 是吸血鬼，那么根据命题（1），B 不是活人（根据同一法则），所以 B 是吸血鬼。而从命题（2）（根据同一法则）可推理出 A 是活人。这又形成了矛盾。所以，如果 B 回答"不是"，我们就得到了矛盾。因此，B 的回答是"是"。

177.

什么都推断不出来，因为面对这一问题，所有特兰西瓦尼亚居民都会回答"是"。读者们可以自行查证一番。

178.

这道题有些难度。从说话者的回答，推断不出是活人还是吸血鬼，但能推断出他是否神智正常。如果他正常，他会回答"是"；如果他疯癫，他会回答"不是"。我们把证明过程留给读者吧。

179.

不，判断不出来。结果只能推测出这位说话者是神智正常的活人且德古拉还活着，或者他是疯癫的吸血鬼而德古拉已经死亡。（事实上，如果他是疯癫的吸血鬼，那么德古拉可能已死，也可能还活着。）

180.

答案还是"不能"。

181.

答案仍是"不能"。举个例子，他可能是疯癫的吸血鬼，这种情况下，德古拉可能是也可能不是还活着。

182.

是的，这次可以推导出：德古拉伯爵还活着。

让我们用谜题177中的专业术语来解释，当地人的陈述可以换个说法表述："如果我是可靠的，那么德古拉就还活着。"

我们已经在第八章（参看谜题109-112）证明了——如果骑士和流氓岛上的一人说，"如果我是骑士，那么怎样怎样"，那这位说话者必定是骑士，而"怎样怎样"也一定为真。同理，如果特兰西瓦尼亚当地人说，"如果我是可靠的，那么怎样怎样"，则他必定可靠，而"怎样怎样"一定为真。证明过程是完全一样的，只不过用"可靠的"替换了"骑士"。

183.

下面这句话可以满足题目要求:"我不可靠,德古拉已死。"我们把证明过程留给读者们(小提示:首先证明说话者不可靠)。

184.

这样一句话能有此效果:"我是可靠的,当且仅当德古拉还活着。"

在第八章第 122 道谜题的解答中,我们证实了——如果骑士和流氓岛的居民说,"我是骑士,当且仅当如此如此",则"如此如此"必定为真(但无法判断说话者是骑士还是流氓)。同样的,如果特兰西瓦尼亚居民说,"我是可靠的,当且仅当如此如此",则"如此如此"必定为真,不论说话者是否可靠。证明过程是一样的,只不过用"可靠的"替换了"骑士"。

还有很多其他陈述也能满足题目要求。比方说,"我相信'德古拉还活着'这句话等同于'我是活人'。"还有,可以想到的另外一句更为有趣的话是——"我相信如果有人问我德古拉是否还活着时,我会回答'是的'。"

185.

是的,你会得出德古拉必定已经死亡的结论。

从第一句我们可以知道说话者是活人,因为神智正常的吸血鬼知道自己神智正常,所以会谎称自己疯癫,而疯癫的吸血鬼会以为自己正常,然后谎称自己疯癫。所以,说话者是活人。

现在，让我们回想一下谜题175中总结出来的法则：当活人说他相信什么事情时，那么这件事情必定是事实（不论他是正常的还是疯癫的）。而我们已知说话者是活人，而他说他相信德古拉已死，因此，德古拉必定已经死亡。

186.

从他的第一句陈述"我是活人"可知，他不仅是活人，而且他一定神智正常（疯癫的活人不知道自己是活人，而疯癫的吸血鬼会以为自己是活人，反而会称自己是吸血鬼）。现在，我们已知他神智正常，我们接下来证明他是活人。假设他是吸血鬼，那么他是活人为假，而假命题蕴含所有命题，那么他的第二句陈述"如果我是活人，那么德古拉伯爵就还活着"就将为真。

但神智正常的吸血鬼不会说真话，所以我们就得到了矛盾。因此，他不可能是吸血鬼，他一定是活人。

现在我们知道他既神智正常，又是活人，所以他会说真话。他说的第二句陈述"如果我是活人，那么德古拉伯爵就还活着"必定为真，他是活人。因此，德古拉一定还活着。

187.

只需要问他是否神智正常。一个活人（不论是不是神智正常）会回答"是的"，而吸血鬼则会回答"不是"。

188.

只需问他是不是活人。神智正常的特兰西瓦尼亚人（不管他是活人还是吸血鬼）都会回答"是的"，而疯癫的特兰西瓦尼亚人则会回答"不是"。

下面的谜题，我会直接告诉你们该问什么问题。你们已经有足够的经验去自行验证这些问题是否有效了。

189.

可以满足要求的一种问法是："你相信自己是活人吗？"所有的特兰西瓦尼亚人都会对这一问题回答"是的"。并不是说所有人都相信自己是活人（只有神智正常的活人和疯癫的吸血鬼会真的相信），但所有当地居民都会声称自己相信。

另外一个提问方法也有效："你可靠吗？"所有特兰西瓦尼亚人都会声称自己是可靠的。

190.

下面任一提问都满足条件：

（1）"'你是可靠的'这句话是否等同于'德古拉伯爵还活着'？"

（2）"你是否相信'你是活人'这句话等同于'德古拉伯爵还活着'？"

191.

问他："'吧'是不是'你是否神智正常？'这一问题的答

案?"如果他回答"吧",那他就是活人;如果他回答"哒",那他就是吸血鬼。

192.

问他:"是否'吧'是'你是不是活人?'这一问题的正确答案?"如果他回答"吧",那么他神智正常;如果他回答"哒",那他就是疯癫的。

193.

问他:"你相信自己是活人吗?"无论他回答什么,意思都是"是的"。也可以这样问:"你是否可靠?"

194.

满足条件的一个问法是:"'吧'是否是'你是否可靠?'这一问题的正确答案?"(我们能记得"可靠"意味着要么是神智正常的活人,或者是疯癫的吸血鬼。)

另外一个问题也有效:"你是可靠的吗,当且仅当'吧'的意思是'是的'?"

这两句提问都会迫使对方回答"吧",这可以像第十一章中的谜题 161 那样证明(只不过这里用"可靠的"代替了"是活人")。

195.

下面两句话任一都能满足条件:

（1）你是否相信"吧"是问题"'你是活人'这句话等同于'德古拉还活着'吗？"的正确答案？

（2）"吧"是否是问题"'你是可靠的'等同于'德古拉还活着'这句话吗？"的正确答案吗？

下面谜题 196 中的解答提供了更为简洁扼要的通用规则。

196. 通用法则。

我们把会用"吧"来回答"二加二是否等于四？"这一问题的特兰西瓦尼亚精英人士归类为类型一。这意味着给出任何答案是"是的"的问题时，类型一的人员会用"吧"来回答这个问题。我们将不是类型一的特兰西瓦尼亚精英人士归类为类型二。这意味着给出任何一命题 X（例如二加二等于四），如果你问类型二的人是否 X 为真，他会回答"哒"。

这让我们立刻就明白，如果"吧"意指"是"，那么类型一的人就是可靠的，类型二的人是不可靠的；如果"吧"意指"不是"，我们就得到相反的结论（类型一是不可靠的，类型二是可靠的）。

现在，找到通用法则是这样思考的：找到任何一命题是否 X 为真，只需问一位特兰西瓦尼亚精英人士；是否 X 等同于他是类型一这句话。你可以用自己的话这样问："是否 X 为真，当且仅当你是类型一？"我们能证明出，如果他回答"吧"，那么 X 必定为真；如果他回答"哒"，那么 X 必定为假。所以，拥有神奇属性的句子 S 是——"你是类型一"（或者：当问到二加二是否等于四时，你会回答"吧"吗）。

证明：句子 S 为"你是类型一"；X 是你想要确定某种信息的句子。你需要问的问题是：是否 S 等同于 X。假设你得到的答案是"吧"，我们可以证明 X 必定为真。

情况 1："吧"的意思是"是"。这种情况下，我们知道两点：（ⅰ）类型一 = 可靠；（ⅱ）说话者回答的"吧"，是肯定 S 等同于 X。

可能性 1a：说话者是类型一。他是可靠的，说的是真话，那么 S 是真的等同于 X，而 S 为真（因为已假设他是类型一）。所以，X 为真。

可能性 1b：说话者是类型二。那么他是不可靠的，说的是假话。他声称 S 等同于 X，实际上 S 不等同于 X。但 S 为假（因为已假设他不是类型一），而 X 不等同于 S，所以 X 为真。

情况 2："吧"的意思是"不"。这种情况下，我们知道两点：（ⅰ）类型一 = 不可靠；（ⅱ）说话者是肯定 S 不等同于 X。

可能性 2a：说话者是类型一。那么他是不可靠的，说的是假话。他错误地声称 S 不等同于 X，也就是说 S 实际上是等同于 X 的，而 S 为真，因此，X 为真。

可能性 2b：说话者是类型二。这样，他是可靠的，说的是真话。所以，S 不等同于 X（因为他是这样说的），而 S 为假，所以，X 必定为真。

我们已经得出结论：回答"吧"意味着 X 为真。我们自然也可以这样推理一遍证明出：回答"哒"意味着 X 为假。不过，我们可以采取下面这条捷径来达到目的。

假设他回答"哒"。现在，这一问句中的回答"哒"与回答下面这一问题用"吧"是一样的:"你是否是类型一,当且仅当 X 为假?"(因为对于任何两句陈述 Y 和 Z 来说,句子"Y 是否等同于 Z?"的相反含义恰好是"Y 是否等同于不是 Z?")所以,如果当你问他:"你是否是类型一,当且仅当 X 为假?"时,他会回答"吧"。而他用"吧"来回答这一问题,能推导出的结论便是(证明过程如上):X 的确为假。

197. 文中四处瑕疵的解答。

(1)(2)有两处情形德古拉都说了"哦,是的",特兰西瓦尼亚名流不会使用"是的"这个词。

(3)当强壮又面带凶悍之相的特兰西瓦尼亚人阻拦我,告诫我没有主人的允许客人不得离开城堡的时候,我为什么要相信他呢?

(4)当主人给我回信"当然不行!"的时候,我为什么要相信他?那时我甚至都还不知道主人是说真话的疯癫吸血鬼。

第四部分

逻辑是神奇美妙的事情

十三、逻辑和生活

A. 一些对逻辑的描绘。

198. 叮当兄对逻辑的描绘。

我喜欢以下叮当兄对逻辑的描述：

叮当弟（对爱丽丝）：我知道你在想什么，但不是这样的，无论如何都不是。

叮当兄：相反，如果以前真是这样，就可能是如此；而如果居然正是这样，那理所应当是如此；但如果不是这样就不该如此。这就是逻辑。

199. 瑟伯的描绘。

在《十三座钟》里，瑟伯将逻辑描绘成这个样子：既然不用关掉钟就可以摸一下钟，那么不摸到钟也可以让钟启动。我见识到和理解到的逻辑就是这样。

200._____

瑟伯的描述让我想起一个我最喜欢的三段论：某些车咔嗒作响，我的车是某些车，所以，难怪我的车会咔嗒作响！

201. 另外的逻辑描绘。_____

我的一个朋友——曾经的警察——当他听说我是逻辑学家，他说："让我来告诉你我所理解的逻辑。有一天，我和妻子在一场派对上。女主人给了我们一些蛋糕。盘子上有两块蛋糕，其中一块比另一块大。我想了一会儿，然后决定拿起那块大的。我是这么推理的：我知道我妻子喜欢蛋糕，而且我知道她也了解我喜欢吃蛋糕。我还知道她很爱我，希望我开心，所以，她一定会让我吃那块大点的蛋糕。于是，我就拿了那块大的蛋糕。"

202._____

上面这个故事让我想起另外一个故事，有两个人坐在一家餐厅里，点了一道鱼菜。服务员呈上来一个盘子，里面有两条鱼，一条比另外一条大些。其中一个人说："请自便。"另外一个人说："好的。"然后他就直接享用起那条大鱼了。在一阵令人紧张的沉默后，第一个人说："其实，如果换做你让我先选的话，我会选小点的那条！"另外一人回说："那你还抱怨什么，你不是如愿拿到它了，不是吗？"

203._____

我还想起了宴会上一位女士的故事。当盛满芦笋的银盘子轮流递到她面前时,她把所有的芦笋尖都切下来了,然后把它们都放到自己的盘子里,接着再把银盘子递给旁边的人。她身边的人说:"你为什么要这么做?你为什么要把芦笋尖都切掉留给自己,然后把剩余的递给我?"女士回答道:"哦,因为芦笋尖是最好吃的地方了,你不知道吗?"

204._____

我曾经看过这样一组漫画:一个男孩和女孩走在路边,男孩走在里侧。一辆卡车驶过泥泞的街道,溅了女孩一身泥水,让她十分狼狈。男孩说:"现在你总该知道为什么我不会像绅士那样走到外侧了吧?"

205._____

我也喜欢下面这个关于道德规范的故事。一个男孩曾问他父亲:"爸爸,什么是道德规范?"他父亲回答道:"我这么跟你解释吧,我的孩子。有一天,一位女士来到商店,她给了我一张二十美元的钞票,以为那是十元面额的。我也以为那是十元的,就按照十元给她找回了零钱。几小时后,我发现那是一张二十美元的。听着,下面就是关于道德规范的,孩子,那就是——'我应不应该把这件事告诉给我的同事?'"

206._____

我曾经和一位数学家朋友一起来到一家中国餐馆。菜单上面印着:额外服务,需要额外支付钱。朋友看到后,说:"他们实在大可不必写'额外'两字。"

207.

我曾在一家餐馆外面看到这样一幅告示：

> 美食不便宜，
> 便宜食不美。

这两句话说的是一件事，还是不同的事？

答案是，从逻辑学上来讲，这两句说的是同一件事；两句话都等同于"没有食物既美味又便宜"这句话。尽管从逻辑语意上来说，两句话是一样的，但我敢说，从心理学上来讲，它们强调的是不同的东西。当我读到第一句话的时候，我脑海里浮现的是昂贵的美味菜肴；当我读第二句的时候，我想到的却是廉价的难吃食物。我觉得我的感受应该和大多数人一致。

B. 你是物理学家还是数学家？

208.

有一道众所周知的难题，说的是有两只烧杯，其中一只烧杯中装着 10 盎司水，另一只烧杯中装着 10 盎司葡萄酒。把 3 盎司水倒进盛有酒的烧杯，经过搅拌后，再把 3 盎司混合后的溶液倒回盛水的烧杯。现在，请问酒杯中的水多呢，还是水杯中的酒多呢？

这道题有两种解法，一种是简单的算数，另外一种是通过常识判断。这两种方法，我更喜欢后者。通过算数的办法是这么解答的：在3盎司的水倒进酒杯后，酒杯中的溶液就有13盎司，溶液中包含3/13的水和10/13的酒。当我把3盎司的溶液倒回水杯后，我们实际上倒了3×10/13=30/13盎司的酒进水杯，所以，水杯中含有的酒为30/13。现在，在第二次倾倒之前，酒杯里是有3盎司水的，然后3×3/13盎司的水又被倒回了水杯中。所以，酒杯中的水含量是3-9/13=39/13-9/13=30/13。因此，酒杯中的水含量恰好等于（即30/13盎司）水杯中的酒含量。

按照常识来思考就更快了，而且还暗示了某种更为普遍的原理：既然每个容器中的液体容量是一样的，那么很明显，不论是从水杯中取走了多少水都会被相同量的酒代替。这样问题就解决了。当然，这种常识解决方法不会告诉你这个"多少"确切是多少，而算数方法则会告诉你是30/13。不过，常识解决法同样适用于下面这一更加普遍的问题（而算数方法就解决不了了）。

我们还是用之前的两个相同容器来开始，我们一直从这只烧杯倒出液体到另外一只，反反复复，我们不知晓已倒了多少遍和倒了多少量，也不知道每次倒的是否是相同的量，但当我们反复倒完溶液后，我们每只烧杯里都有10盎司的液体。此时，水杯中的酒多呢，还是酒杯中的水多呢？

根据常识解决法，应该是一样多，但没有办法知道精确的量是多少。

209.

当我遇到上面这个问题，我立刻想到下面这个问题：我们首先仍假设，有只烧杯 A 装有 10 盎司的水，烧杯 B 装有 10 盎司的酒。在有限次内，我们来回倾倒 3 盎司液体。若想达到酒在两只烧杯中的百分比含量相同，最少的倾倒次数是多少？

我脑海中这道题的答案是：在有限次内是不可能达到的。不管这只烧杯中的酒有多少，另一只烧杯中的水有多少，也不论来回倾倒步骤时酒的含量有多少（假设从不把一只烧杯里的溶液完全倾倒出来），B 烧杯中的酒含量永远要高于 A。用简单的数学归纳法就可以理解这点。最初，B 烧杯中的酒含量必定高于 A。现在，经过一连串倾倒步骤后，B 烧杯中的酒浓度仍会高于 A。如果我们把 B 烧杯中的液体倒进 A 杯中，我们实际上是将浓度高的溶液倒进浓度更低的溶液里，这时，B 烧杯中的酒浓度仍然比 A 高。我们将溶液从 A 杯倒进 B 杯中，B 的浓度仍高于 A。因为每次倾倒的步骤都包含这两种情况，这就能总结出 B 一定永远都比 A 的浓度高。唯一可以让两杯浓度都相同的办法是，把一只烧杯里的溶液完全倒进另一只中。

当然，若把这道题当成纯数学题来解，我的推导无懈可击。但这是一个现实的物理世界，我的推理就错得离谱了。我默认了假设液体是无限可分的，而实际上水溶液是由各水分子组成的。不列颠哥伦比亚省罗亚尔欧克的阿盖尔曾向马丁·加德纳指出过这点。经过阿盖尔的计算，在反复倾倒 47 次后，两只烧杯中的酒含量大致是相同的。

210. 磁铁实验。

马丁·加德纳还讲过这样一个问题:你站在一间屋子里,除了两根铁棒外没有其他金属。一根铁棒是磁铁,另外一根没有磁力。你可以这样:将两根铁棒用线在中心处绑好,悬挂起来观察,哪根铁棒会指向北,从而就能知道哪根铁棒是磁铁。有没有更简单的办法呢?

马丁给出的解决方法是,拿起其中一根铁棒,用这根铁棒的一头去触碰另一根铁棒的中间。如果有磁力吸引,那么手中拿的这根铁棒就是磁铁;如果没有,那这根铁棒就不是磁铁。

这种物理学家式的解决方案相当有智慧,比用线从中间拴住悬挂两根铁棒要简单些。我呢,从本质上来说不是什么物理学家,而是逻辑学者,想出了下面这个主意,我觉得操作起来的简易程度在之前两种方法之间:就是呢,用绳子绑住一根铁棒的中心并挂起来,看看它是不是指向北。

211. 那你呢?

你是数学家思维还是物理学家思维呢?下面有个有趣的小测试,可以显示出你是数学家还是物理学家。

你身处一间乡村小屋中,屋里有一个没开火的炉灶,一盒火柴,一个能获取冰凉自来水的水龙头和一把空水壶。你怎样才能获得一壶热水呢?毫无疑问,你会回答:"我把水壶装满冷水,点开炉灶,把水壶放到上面,然后等着水烧热。"对此我会说:"很好,目前为止,数学家和物理学家还能达成一致。现在,下面的问题就能分清两种不同思路了。"

在这道题中，你仍是在一间乡村小屋中，屋里有一个没开火的炉灶，一盒火柴，一个能获取冷水的水龙头和一把装满冷水的水壶。你怎样才能获得一壶热水呢？大多数人会回答："我只需要打开炉灶，然后把装满冷水的水壶放上去。"我会回复："那么你就是物理学家！数学家会把水倒掉，然后把问题降级到之前的问题，因为之前的问题已经解决了。"

我们再进一步讨论，设想一下情况是这样的：在开着火的炉灶上有一壶装满冷水的水壶，我们怎样才能得到一壶热水？物理学家会等待水被烧热，而数学家会关掉炉灶，把壶里的水倒出去，然后把问题降级到第一个问题（或者他关掉炉灶，把问题降级到第二个问题）。

另外一个更加夸张的版本是这样的：一栋房子着火了。我们周围能找到的东西有：一个消火栓，一截没连消火栓的水管。要怎么灭火呢？很明显，首先要把水管连到消火栓上，然后拧开阀门朝建筑物喷水。现在，假设你有消火栓，一截没连消火栓的水管，一栋没有着火的房子。你要怎么灭火呢？数学家会把房子先点着，然后把问题降级到前面的问题。

212.

冯·诺依曼和苍蝇的问题。

下面这道题既可以用"费劲"的方式，也可以用"简单"的方式解决。

两列火车相距 200 英里对向行驶，每列车的速度为每小时 50 英里。一只苍蝇从一列车的前端出发，以每小时 75 英里的速度在两列车之间来回飞。苍蝇飞啊飞，一直到两列车相撞把苍蝇挤死。苍蝇飞过的路程总共有多远？

苍蝇实际上在被撞死之前往返了无数次，可以通过将所有距离的无穷级数相加来解决这道问题（当然，距离是越来越短的，收敛于确定的有限量）——这是"费劲"的解法，想要算出来需要用笔和纸慢慢算。"简单"方法是这样的：既然两列车距离有 200 英里远，每列车的速度是每小时 50 英里，两辆车相撞应该发生在两个小时后。所以，这时，苍蝇飞了两个小时。已知苍蝇的飞行速度是每小时 75 英里，因此，苍蝇在这段时间内一定飞了 150 英里。就这么简单！

当伟大的数学家冯·诺依曼遇到这道题时，他想了一会儿，然后回答说："哦，当然是 150 英里。"他朋友说："真厉害，你怎么算出来的？"冯·诺依曼回答说："我算了无穷级数之和。"

213.

下面还是一个关于冯·诺依曼的笑话。有一组织向他咨询，这一组织正在制造升入太空的火箭。当冯·诺依曼看到还没有竣工的火箭飞船时，他说："你们是参照什么来造火箭的？"有人答复："我们有自己的工程师。"他轻蔑地回话说："工程师！为什么我完全看不明白这火箭的数学应用理论？你去好好看看我 1952 年的论文。"这个组织果真翻阅了他 1952 年的论文，然后完全废弃了他们花费一千万美元打造好的箭体，根据冯·诺依曼的理论重新建造了火箭。火箭发射时，整个发射台都爆炸了。他们愤怒地致电冯·诺依曼,说:"我们从头到尾毫无疏漏地遵从你的指导,但我们启动的时候,火箭竟然爆炸了!为什么!"冯·诺依曼回说:"啊,是的。你说的从专业上来讲属于'爆炸'问题——我在1954年发表的论文里讨论过。"

214. _____

有个据说是真实的故事,发生在新泽西州普林斯顿一个小女孩身上。她算术学得不好,但有两个月,出于某种未知的原因,小女孩的算术有惊人的进步。有一天,妈妈问她会是什么原因让她进步的,小女孩回答说:"我听说咱们镇上有个人很擅长数字。我按了他的门铃,每天他都会帮助我一点。他教得不错哦。"妈妈有些吃惊,于是问她是否知道他的名字,小女孩说:"我记不清了,好像是什么爱因——斯坦吧。"

215. _____

还有个关于爱因斯坦的故事,据说他曾经向同事抱怨说,他不喜欢在男女同校的大学教书,教室里有很多漂亮女孩,男孩子们的注意力根本就不在数学和物理上。他的朋友说:"哦,怎么会呢,阿尔伯特,你要知道,你说什么男孩子们都会愿意听的。"爱因斯坦说:"哦,这样的男孩子也不值得教啊。"

216. _____

下面这个笑话完美地展示出物理学家和数学家的区别。

一位物理学家和一位数学家一起从西部海岸起飞，要到华盛顿的研究实验室去。两人都按照要求写了行程记事。在飞机途经堪萨斯州时，他们掠过一只黑绵羊。物理学家写道："在堪萨斯州有一只黑绵羊。"数学家写道："在中西部的某处，存在一只羊，从上方看过去是黑色的。"

C. 佛蒙特州人。

217.

上一个故事让我想起一个关于卡尔文·柯立芝的故事。柯立芝曾和几位朋友一起参观一家农场，当他们遇到羊群时，其中一位朋友说："我发现这群羊都被剪过毛了呢。"柯立芝回说："从这边看好像是这样。"

218.

当幽默作家威尔·罗杰斯被引荐给柯立芝总统时，有人告诉他："你知道吗，很难把柯立芝逗笑的。"罗杰斯说："我会逗笑他的。"当然威尔·罗杰斯做到了！当他被介绍给总统时，介绍人说："罗杰斯先生，这位是柯立芝总统先生。"威尔·罗杰斯面向总统，说："呃？没听过这名字。"

219.

卡尔文·柯立芝自然是佛蒙特州人，我喜欢佛蒙特州人的故事。有个故事是这样的：有个人路过佛蒙特州农民的房子，农民正坐在门廊上的摇椅里休息。这人说:"你就这么摇一辈子?"农民回答:"还没到呢!"

220. _____

佛蒙特州人的特点(至少在很多幽默故事版本中是这样)是这样的,当被问到某一问题时,佛蒙特州人总是给出明确的回答,但经常巧妙地回避开与问题高度相关和非常重要的信息。有个笑话可以完美地体现这点:有位佛蒙特州农民走到邻居的农场,问了那位邻居农民:"莱姆,去年你的马患腹绞痛时,你给它喂了什么东西?"莱姆回答:"麦麸和糖浆。"农民回到家中,一个星期过后又来到邻居家,说:"莱姆,我给我的马喂了麦麸和糖浆,它就死了。"莱姆回答:"我的也是。"

221. _____

我最喜欢的佛蒙特州人故事是这样的:一位旅行者在佛蒙特州旅行时,来到分岔路口前。一条路标写着"通往怀特河汇镇",另外一条路标上也这么写着"通往怀特河汇镇",旅行者困惑地挠了挠头,看到路口站着一位佛蒙特州当地人,于是走过去问道:"走哪条路是不是没有区别?"佛蒙特州人回答:"不是我的话,就没区别。"

D. 明显吗?

222.

这个故事曾被说成发生在很多不同的数学家身上。一位数学教授在讲课时说到一命题,然后他说:"这很明显。"一位同学举起手,问:"为什么说是明显的?"教授想了好一会儿,走出了教室,大约二十分钟后才回到教室,说:"是的,这就是明显的!"然后继续讲课。

223.

另一个故事里,教授刚讲完课,他在走廊里遇见了一名学生。学生说:"××教授,我不太明白您所讲的定理 2 的证明过程。能否请您再给我解释一遍证明过程吗?"这位教授陷入了大约三分钟的沉思中,然后说:"是的,就这么得出来的结论!"学生说:"但证明过程是怎样的呢?"教授又陷入旁若无人的沉思中,转过神来,他说:"——所以,证明过程是正确的。"学生说:"是的,可您还一直没有告诉我证明的过程是怎样的!"教授说:"好吧,我用另外一种解题思路给你证明!"他又陷入沉思,转过神来,他说:"这样同理可证。"可怜的学生还是那么困惑。教授说:"你看,我已经用三种思路给你证明过了;如果任何一种方法你都学不会,那恐怕我也爱莫能助。"说着,他就走开了。

224.

　　这个故事是关于一位著名物理学家的，在给一群专业人员讲完课后，他说："现在，请随意提问，我愿意回答任何问题。"其中一位听众举起了手，说："我不明白您讲的关于定理 B 的证明过程。"物理学家说："这不是问题。"

225.

　　当我在普林斯顿攻读研究生学位时，数学系的不同人对"明显"一词的词义会有不同的理解，这些观念广为流传。我不应该直接说出名字，就用字母来代替吧。

　　当 A 教授说什么东西是明显的，那意味着：如果你回到家，好好想几个星期，你会明白它是真的。

　　当 L 教授说什么东西是明显的，那意味着：如果你回到家，好好用你的下半生去思考，总有一天你自己会想明白。

　　当 C 教授说什么东西是明显的，那意味着：学生们早在两星期前应该已经知道了。

　　当 F 教授说什么东西是明显的，那意味着：它大概率是假的。

E. 心不在焉的教授们。

226.

　　有个故事是这样的：有一天，一名学生在走廊中遇到了一位教授，学生问他："您用过午餐了吗？"教授想了一会儿，说："请告诉我，你拦住我的时候我是要往哪个方向去的？"

227._____

我听说过下面这个关于数学家大卫·希尔伯特的故事。我曾把这个故事讲给一位物理学家朋友，他告诉我，他听说过同样的故事，只不过主人公是安培！

我听到这个版本的故事是这样的：希尔伯特教授和夫人正在举办一场派对。在一位宾客来到后，希尔伯特夫人将大卫拉到一旁，说："大卫，上楼去换条领带。"希尔伯特上了楼，一个小时过去了，他仍没有下楼。希尔伯特夫人有些担心，上楼来到卧室，却发现希尔伯特已经上床睡觉了。当他被唤醒，他回忆起自己解开领带，不知不觉就按部就班完成了其他程序——把衣服全脱掉，然后换上睡衣，上床休息。

228._____

关于心不在焉教授的故事里，我最喜欢诺伯特·维纳这一故事。我不知道这故事是真是假（可以设想会有这种事发生，因为维纳先生晚年的确视力不佳），不过不论是否属实，先给大家讲讲。

维纳夫妇打算从剑桥的一所公寓搬到附近另一公寓里。维纳太太知道丈夫心不在焉的毛病，决定提前让他适应搬家这一改变。在搬家前的第三十天，维纳太太在早上他去学校之前叮嘱了一遍："诺伯特，现在还有三十天我们就会搬走。到时候你下课了，你不要乘 A 巴士，要乘 B 巴士！"维纳回答："好的，亲爱的。"第二天，维纳太太说："诺伯特，现在距离我们搬走还有二十九天。到时候你下课了，不要乘 A 巴士，要乘 B 巴士！"维纳回答："好的，亲爱的。"这样的叮嘱一直持续到搬家那天早上。维纳太太说："诺伯特，今天就是搬家的日子，当你今天下课以后，不要乘 A 巴士，要乘 B 巴士！"诺伯特回答："好的，亲爱的。"然后，当维纳下课后，他当然乘上了 A 巴士，下车走回家后，他发现家里空荡荡的。他自言自语道："哦，当然了！今天是我们家搬走的日子！"于是，他走回到哈佛广场，乘坐上 B 巴士，达到他印象中正确的站点。不过，他忘记了他家的新地址。他四处走到处看，此时夜幕已经降临。他看到街上有个小女孩，就走上前去，问道："打扰你一下，你有没有可能知道新搬来的维纳一家住在哪里？"小女孩回答："哦，走吧，爸爸，我来带你回家。"

F. 音乐家。

229.

作曲家罗伯特·舒曼在他的乐曲开头写道："尽可能快地演奏。"几小节之后，他又写了："再快点。"

230.

有个故事是这样的：有一天，理查德·瓦格纳走在柏林城区的路上，他遇到一位街头艺人正在用手风琴演奏《汤豪瑟》的序曲。瓦格纳停住脚步，说："实际上，你演奏得有点快了。"手风琴演奏者立刻认出了他就是瓦格纳,于是他脱帽致敬,并说:"谢谢您,瓦格纳先生!谢谢您,瓦格纳先生!"

第二天,当瓦格纳又经过那个地方,发现手风琴演奏者在用正确的节奏演奏那支曲子。在他身后有块大牌子写着:"瓦格纳的门生。"

231.

有个关于波士顿交响乐团四位音乐家外出划船的故事。其中有个人从船上掉进水里,大声疾呼:"救命!我不会游泳!"其余的音乐家中有个人喊道:"假装游啊!"

232. 勃拉姆斯和业余的弦乐四重奏乐团。

这个故事讲的是作曲家约翰内斯·勃拉姆斯的故事。他有四位弦乐演奏师朋友,他们是非常糟糕的演奏家,但善良的勃拉姆斯还是喜欢与他们打交道。他们打算给勃拉姆斯一个惊喜,于是,四人花费了六个月时间勤勉用功地练习演奏勃拉姆斯最新谱写的四重奏曲目。有天夜晚,他们在一场派对上叫住了勃拉姆斯,第一位小提琴手说:"约翰内斯,我们有份惊喜送你。请到隔壁房间来。"勃拉姆斯跟随他们来到隔壁房间,演奏家们拿起乐器,开始演奏起四重奏。勃拉姆斯听到第一章就已经忍受不了!他站起身,露出礼貌但勉强的微笑,打算离开房间。第一位小提琴手追到他身后,说:"约翰内斯,我们演奏得怎么样?乐曲的节奏是对的不?"勃拉姆斯回答:"你们的节奏都很好。我想,我最喜欢你演奏的节奏了。"

G. 计算机。

233. _____

人们做过很多这种实验：在一台计算机里输入一句英语（最好是俚语），将之翻译成俄语，然后第二台计算机将这句俄语翻译回英语。这个实验的目的是想看看计算机翻译下会有多少语意的歪曲。

一次，他们将俚语"精神强大，身体却柔弱"输入计算机中，出来的结果却是："伏特加不错，肉却烂了。"

234. _____

另一次，他们尝试将"看不见了，无想念了"输入计算机。转译回来的结果是："眼瞎的白痴。"

235. _____

有个笑话，讲的是一位IBM推销员想要卖一台"什么都知道"的计算机。推销员对一位顾客说："你可以问它任何问题，它都会回答你的。"顾客说："好的。我父亲在哪里？"机器想了一会儿，吐出一张卡片，上面写着："你的父亲此刻正在加拿大钓鱼。"顾客嘲笑："哈！这机器完全不好使！我父亲已经去世好多年了。"推销员回答说："不，不！你需要问得更确切一点！瞧，我来替你提问。"他站到计算机前边，说："在你面前的这个人，他母亲的丈夫在哪里？"计算机想了一会儿，吐出一张卡片："这人母亲的丈夫已经去世多年了。他的父亲此刻正在加拿大钓鱼。"

236. _____

当世界第一架全自动航行的飞机起飞后,乘客们都有些紧张。接着,计算机那舒缓温柔的声音从广播里传出来:"亲爱的女士、先生们,您非常荣幸地乘坐全世界第一架全自动飞行的航班,这里没有会出错的飞行员,您的此次旅程将由万无一失的计算机全程引航。您的所有需求,我们都会周全照顾到。您请无须担心——担心——担心——担心……"

237. 军方计算机。_____

我最喜欢的计算机故事是个有关军方电脑的故事。军方已发射一艘航空火箭到月球。上校将两个问题编程输入电脑中:(1)火箭会抵达月球吗?(2)火箭会返回地球吗?电脑思考了一会儿,吐出一张卡片,写着:"是的。"上校顿时大为光火;他不知道这个"是的"是第一个问题的答案,还是第二个问题的答案,或者还是两个问题的共同答案。所以,他生气地输入:"是的,什么?"计算机思考了片刻,吐出一张卡片,上面有一句话:"是的,长官。"

十四、如何证明任何事？

我觉得可以很好地体现醉心于推理的数学家的一个特点，就是他会说："我能证明任何事情！"

在柏拉图撰写的对话《尤息德谟斯篇》中，苏格拉底向克利托描绘了智者尤息德谟斯和狄俄尼索多罗的辩证才学之高超，苏格拉底说："他们辩论的技巧特别高超，他们可以驳斥任何命题，不管命题本身是真还是假。"在后面的对话中，苏格拉底描述了狄俄尼索多罗如何向一位听众——克忒西波斯证明克忒西波斯的父亲是一条狗的。论证如下：

狄：你说你有一条狗？

克：是的，一条恶狗。

狄：它下了狗崽吗？

克：是的，那些狗崽就像它一样。

狄：而恶狗就是它们的父亲？

克：是的，我很肯定，我见到它和那群小狗的妈妈在一起。

狄：它不是你的吗？

克：我很肯定，它就是我的。

狄：所以，它是位父亲，它又是你的，因此，他是你的父亲，而小狗崽们就是你的兄弟。

受到这些伟大的哲学家鼓舞，我将会在这章向大家证明很多新奇又了不起的事情。

A. 千奇百怪光怪陆离的证明。

238.

证明叮当兄或者叮当弟存在。

这次不是证明叮当兄和叮当弟同时都存在，只是证明至少其中一人是存在的。还有，我们无法从证明过程来知晓到底是谁真正存在。

我们遇到一个盒子，里面写着以下三句话：

> （1）叮当兄不存在。
> （2）叮当弟不存在。
> （3）盒子里的这三句话中至少有一句为假。

先来看一下句子（3）。如果这句话为假，那么"三句话中至少有一句为假"就是假的，这意味着三句话全部为真，这也就意味着句子（3）也为真，这就产生了矛盾。所以，句子（3）不能为假，必定为真。由于"三句话中至少有一句为假"，而句子（3）不可能为假，故而句子（1）或者（2）是假的。如果句子（1）为假，那么叮当兄就存在，如果句子（2）为假，则叮当弟存在。因此，不是叮当兄就是叮当弟真的存在。

我曾经受邀在大学生的数学俱乐部讲解我的逻辑谜题。当时介绍我的是逻辑学者梅尔文·费廷（我以前的学生，他特别了解我）。他的介绍言词真正完美地抓住了这本书的精神内涵，比这本书本身都要好！他说："现在，我向大家介绍斯缪利安教授！他可以向你证明他不存在，或者你不存在，但你永远都不知道确切是哪种情况。"

239.

证明叮当哥存在。

> （1）叮当哥存在。
> （2）盒子里的这两句话都是假的。

让我们来看看句子（2）。如果这句话为真，那么两句话都是假的，则句子（2）也应该为假，这就形成了矛盾。所以，句子（2）为假。这样，两句话都为假就不是真的，由此可知，两句话中至少有一句为真。而句子（2）不为真，所以，句子（1）必定为真。因此，叮当哥是真实存在的。

240. 圣诞老人存在吗？

似乎很多人都怀疑圣诞老人是否真的存在。举个例子吧，在马克斯兄弟表演的《歌剧院之夜》中，格劳乔正要和奇科签署合同，他们看到这样一项条款，说：如果合同签署的双方不是在神志清醒的时刻签订的，则该合约自动作废——这一条款被称为神智健全条款（sanity clause）。奇科说："你别糊弄我啊，这世界上根本没有圣诞老公公！"

我还记得在高中时广为流传的一个梅·韦斯特的笑话：为什么梅·韦斯特不能和圣诞老人同时站在一个电话亭里？答案：因为圣诞老人不存在。（可能将这个笑话归类为"存在论"笑话比较合适。）

不管这些现代的怀疑论调，我能给出三条有利的证据证明圣诞老人的确存在，而且必须存在。这些论证过程是约翰·巴克利·罗塞尔的一种证明方法——可证任何事情方法的变形方式。

证明一：我们以对话的形式来展现这次证明过程。

第一位逻辑学家：圣诞老人存在，如果我没有弄错的话。

第二位逻辑学家：圣诞老人当然存在，如果你没弄错的话。

第一位逻辑学家：所以我的话是真的。

第二位逻辑学家：当然！

第一位逻辑学家：我没有弄错，而你承认如果我没弄错的话，圣诞老人是存在的。所以，圣诞老人存在。

证明二：以下证明过程是下面巴克利·罗塞尔证明的文学式详解过程。

> 如果这句话是真的，
> 那么圣诞老人存在。

这一证明的原理和骑士与流氓岛上的居民说"如果我是骑士，那么如此如此"是相同的，这里，说话的人一定是骑士，而"如此如此"必定为真。

如果陈述为真，那么圣诞老人当然真实存在（因为如果句子为真，"如果这句话为真，圣诞老人存在"就为真，从而得出结论：圣诞老人存在），所以当第一句所言是事实，那么整句话就为真。而这句话为真，"如果这句话为真，圣诞老人存在"即为真。从这里可以得出结论：圣诞老人存在。

问题：假设骑士与流氓岛上的一居民说："如果我是骑士，那么圣诞老人存在。"这能证明圣诞老人存在吗？

回答：当然能证明。因为如果圣诞老人不存在的话，骑士和流氓都不可能说出这样的话。

证明三：

> 这句话为假，而且圣诞老人不存在。

我把这句话的证明过程留给读者自己去验证。

讨论。这些证明过程有什么问题？这其中潜在的推理谬误和鲍西娅第 N 世的追求者所进行的推理过程是一样的：其中的有些话没有任何意义（请参看第十五章的讨论部分），所以，不能贸然断定是真还是假。

241. 证明独角兽存在。

我想向你们证明：世间确实有独角兽的存在。为了达到这一证明目的，很明显，只要证明"有一存活的独角兽存在"这句（可能）更有力的陈述为真就足够了（我所说的"有一存活的独角兽"意指存在着独角兽的意思）。当然，如果有一存活的独角兽存在，就必定存在着独角兽。所以，我只需要证明有一存活的独角兽是存在的。于是便有了两种可能：

（1）有一存活的独角兽存在。

（2）有一存活的独角兽不存在。

假设（2）中很明显是矛盾的。有一存活的独角兽怎么可能不存在呢？正如"有一蓝独角兽必定是蓝色的"一样，必定为真，有一存活的独角兽必然一定存在。

讨论。这次证明有什么问题？此番证明只不过是笛卡儿著名的证明上帝存在的本体论证明方法的精炼版本。笛卡儿将"上帝"定义为：蕴含所有东西。所以，根据他的定义，上帝一定也蕴含存在的属性。所以，上帝是存在的。

伊曼努尔·康德认为笛卡儿的论据根本无效，因为存在不是一种属性。我觉得在证明过程中还有比这个更明显的错误。我在此不想讨论存在是否可算得上一种属性这一问题，我想说的是，即使存在是一种属性，笛卡儿的证明过程仍旧有漏洞。

想想我关于证明存在独角兽的第一次证明（证明"有一存活的独角兽存在"这句陈述为真）。当我看到这句话的时候，真正的推理谬误出现在"一"这个字的双重意义上，在某些行文中，"一"代表着泛指的"每只"，而在其他行文中有特指的"至少有一只"的意思。举例来说，如果我说："有一猫头鹰长着大大的眼睛。"这句话的意思是猫头鹰都有大眼睛，或者说，所有的猫头鹰都有大眼睛，也就是每只猫头鹰都有大眼睛。但如果我说，"屋里有一猫头鹰"，我当然不是指屋子里有所有的猫头鹰了，而是单指在房间里的这只猫头鹰。所以，当我说"有一存活的独角兽存在"的时候，并不清楚我的意思是存在所有的独角兽呢，还是仅仅指存活的某一只独角兽。如果我的意思是前者，那自然，所有存活的独角兽必定是存在的，怎么可能有一只存活的独角兽不存在呢？但按照后者思路去判定的话，这句话就不一定为真了，换句话说，不一定有只存活着的独角兽。

笛卡儿的证明也是如此，所能得出的恰当结论是：无所不含的神明都存在，任何能满足笛卡儿对上帝的定义条件的神明，必定有存在的属性。但这并不意味着一定有位上帝。

242. 被恐吓的证明。

有件狄罗德的著名逸事趣闻，发生在他去俄罗斯宫廷拜见女皇时。他滔滔不绝地宣扬着自己的无神论观点，女皇听后非常开心，但她的一位枢密大臣却建议称，需要对这种学说更慎重地考察一番。于是，朝臣们和在场的数学家欧拉悄悄商议了一通，欧拉本人是忠实的宗教信徒。欧拉宣称他可以证明出上帝是存在的，如果狄罗德想要听的话，欧拉可以在宫廷所有人面前展现证明过程。狄罗德欣然同意。欧拉利用了狄罗德不懂数学知识这一点，他逼近狄罗德一步，用庄重的语调说："A平方减去B平方等于A减B乘A加B，所以，上帝存在。你回应吧！"狄罗德窘迫不堪，手足无措，四周响起阵阵嘲笑声。狄罗德向女皇请求立刻返回法国，女皇批准了他的请求。

243. 证明你或者是矛盾的，或者自命不凡。

我在三十年前想到了这一证明，把这一证明讲给很多学生和数学家听。几年后，有人告诉我他在某种哲学期刊上读到了此证明，但他记不清作者是谁了。不管怎样，证明过程是这样的。

人的大脑只是一部有限量的机器，所以，你相信的只有有限量的命题。让我们将这些你相信的命题标注为 P1，P2，……，Pn，n 就是你所相信的命题数量。你相信 P1，P2，……，Pn 中的每一条命题。不过，除非你自命不凡，否则你有时就是会犯错误的，故而不是你相信的所有事情都是真的。所以，如果你不是自命不凡的话，你知道在 P1，P2，……，Pn 至少有一条命题是假的。而你相信自己脑中的命题 P1, P2，……，Pn 的每一条。这就是奇怪的矛盾了。

讨论。这一论证有什么谬误？按我的看法，没有任何错误。我真的认为一个明事理又谦虚的人一定是矛盾的。

B. 另一些小把戏。

244. 罗素和教皇。

当伯特兰·罗素告诉一位哲学家"假命题蕴含一切命题"时，这位哲学家震惊不已。哲学家说："你的意思是从'二加二等于五'这一陈述能够得出'你是教皇'？"罗素回答："是的。"哲学家问："你能证明出来吗？"罗素回答："当然。"接着，他巧妙地就这点给出下面的证明：

（1）假设 2+2=5。

（2）各自从等式两边减去 2，我们能得到 2=3。

（3）等式两边调换一下，我们得到 3=2。

（4）再从两边减去 1，我们得到 2=1。

现在，教皇和我是 2 个人。而 2=1，那么教皇和我就是 1 个人。因此，我就是教皇。

245. 哪种更好？

哪种更好呢，是永恒的幸福好，还是一块火腿三明治更好？看上去，似乎是永恒的幸福更好，但真实却不是这样！毕竟，没什么东西能比永恒的幸福更好了，而一块火腿三明治自然比没什么东西要好。所以，一块火腿三明治要比永恒的幸福更好。

246. 哪座钟好？

这道谜题是刘易斯·卡罗尔先生写下的。哪座钟更好呢，是每天都慢一分钟的钟好，还是根本就不走的钟好呢？根据刘易斯·卡罗尔先生的说法，是根本就不走的钟要更好一些，因为在一天里它的指针还对两回，而另一座钟，要两年才对一回。"但是，"你会问，"如果不知道准确的时间是什么时候，一天对两回又有什么用呢？"假设时钟的指针指向八点整。当八点钟到来的时候，这座钟的时间就是对的。"但是，"你又会问，"我怎么才能知道八点钟快到了呢？"答案非常简单。只需要把你的双眼紧紧盯着这座钟，然后等正确的时间一到，就是八点整了。

247. 证明存在长着十三条腿的马。

此番证明并不是我首创的，而是数学界的传说之一。

我们想要证明至少存在一只长着十三条腿的马。我们把全世界的马按照以下规则涂色：在给马涂色之前，数一数马腿的数量。如果这匹马恰好长着十三条腿，那么就把这马涂成蓝色；如果马腿数量少于或者多于十三，就涂红色。现在，假设你已经把全世界的马都涂好了颜色，蓝色马有十三条腿，红色马不是十三条腿的。然后，随机挑出一匹马。如果它是蓝色的，我的论断就已得到证明。如果马是红的，就再随机挑选第二匹马。但假设第二匹马也是红色的？那就是另外一码事了！这就产生了矛盾，因为所有的马应该是同样的颜色才对！

248.

我想起亚伯拉罕·林肯被人刁难的故事。如果狗尾巴被称作"腿"的话，那一只狗有几条腿呢？林肯的回答是："四条。管尾巴叫腿，并不代表它就是一条腿。"

249. 我最喜欢的通用证明方法。

这是我知道的最好的耍机灵把戏。这堪称可以证明一切的绝对完美方法。唯一的缺点是，只能由一位魔术师展现证明过程。

这是我的做法：假设我想要向别人证明我是德古拉。我会说："你只需了解的逻辑就是：给定两命题 p 和 q，如果 p 为真，那么命题 p 或 q 至少有一命题为真。"几乎所有人都会同意我的这个说法。"很好,"我一边说着,一边从口袋里拿出一副扑克牌。"你们能看到,这张纸牌是红色的。"接着,我将纸牌有图案的那面扣在一位观众左手掌上,我将他的右手覆盖在纸牌背面。我接着说:"用命题 p 来表示'你手掌中拿着红色纸牌',用命题 q 来表示'我是德古拉'。既然 p 为真,那么你承认命题 p 或 q 为真,对吗?"他同意。"现在,"我继续说,"现在,命题 p 显然是假的——你翻过纸牌看一下。"他翻开手掌,让他惊讶的是:纸牌竟是黑牌!"所以,"我得意扬扬地总结道:"q 为真,因此,我是德古拉!"

C. 一些逻辑奇事。

上面两部分我们仔细思考了几件无效的论证,这些论证乍看之下,似乎都很有效。我们接下来完全颠倒过来:我们将思考几条原理,这些事情起初看来一概是疯狂的胡话,但经过论证后,却发现都十分有效。

250. 喝酒原理。

这是一条现代逻辑学中很重要的原理,我的研究生中有几人亲切地将此原理戏称为"喝酒原理"。它被这么称呼的原因,也许是因为学习这条原理时,我总是会用下面这个笑话来做开场白。

有个人坐在酒吧里。他忽然用拳头敲了敲吧台,说:"给我一杯酒,也给其他每个人一杯酒,因为当我喝酒的时候,其他人也要喝!"然后,酒杯就活跃地在整间屋子传递起来。过了一会儿，这人说："再给我一杯酒，再给其他每个人一杯酒，因为当我再喝一杯的时候，每个人都再喝一杯！"于是，酒杯愉快地在屋里进行第二轮传递。不久之后，那人把钱摔到吧台上，说："当我付钱的时候，每个人都付钱！"

笑话到此结束。问题来了：真的会有这么一个人吗？他喝酒，别人就跟着喝酒？答案可能会令你们很多人都惊讶的。这一问题有个更加夸张的版本，发生在我和另外一位哲学家约翰·贝肯的交谈中：证明地球上有个女人，如果她不再生育，整个人类都将灭亡。

喝酒原理的同款版本可以这样阐述：证明至少有这么一个人，如果有人喝酒，那他就喝酒。

证明思路。的确存在这样一个人，当他（或者她）喝酒的时候，每个人都喝酒。此陈述为真。这最终要归于"假命题蕴含一切命题"的奇怪原理。

让我们这么来看：有个人喝酒，这可能是真的，也可能是假的。假设为真，那么每个人都喝酒。然后拿任一人来说，就叫此人为吉姆。既然每个人都喝酒，那么吉姆自然也喝酒，"如果吉姆喝酒，那么每个人都喝酒"这句陈述即为真。所以，至少有个人——名叫吉姆——如果他喝酒，每个人都喝酒。

然而，假设"每个人都喝酒"不为真，那会得到什么结论呢？这种情况下，至少存在一个人——暂且叫他吉姆——不喝酒。"吉姆喝酒"为假，那么"如果吉姆喝酒，那么每个人都喝酒"这句陈述为真。所以，仍然是有个人——名叫吉姆——如果他喝酒，每个人都喝酒。

总结来说，如果一个人有种奇特的属性，当他喝酒就意味着每个人都喝酒，我们称之为"神秘人"。问题的结局在于，如果每个人都喝酒，那么任何人都可以是神秘人；如果不是每个人都喝酒，那么任何不喝酒的人都可以是神秘人。

至于更加夸张的版本，也是出于同样的逻辑，能够证明得出：至少有位女人，如果她不再生育，所有女人也都不再生育（也就是说，如果所有女人都不再生育，那么她就是任何女人；如果不是所有女人都变得不能生育，那么她是仍能生育的女人）。当然，如果所有女人都不再生育，人类就会灭亡。

至于同款版本的证明，即这样一个人，如果有人喝酒，他就喝酒，这分为至少有一人喝酒或者没人喝酒这两种情况。如果没人喝酒，那么我们拿任何一人来举例——暂且叫他吉姆。既然"有人喝酒"为假，那么"如果有人喝酒，吉姆就会喝酒"即为真。另外一种情况，如果有人喝酒，喝酒的任何一人——暂且叫他吉姆。"如果有人喝酒，吉姆就会喝酒。"就为真。因此，如果有人喝酒，吉姆就喝酒，这句陈述为真。

尾声。

当我把喝酒原理讲给我的学生琳达·韦策尔和约瑟夫·比万多听时，他们非常感兴趣。没过多久，他们给我写了一张圣诞节贺卡，上面写着他们设想的对话（据说发生在自助餐厅用餐时）。

逻辑学家：我知道有个小伙子，当他喝酒的时候，每个人也都喝酒。

学生：我搞不明白。你是指世界范围内每个人？

逻辑学家：是的，那是自然。

学生：这听上去太疯狂了！你的意思是当他喝酒的时候，就在同时，每个人也都喝酒？

逻辑学家：当然。

学生：但这意味着在某一时刻，每个人都同时喝酒。当然是不可能发生的！

逻辑学家：你没有听清我说的话。

学生：我当然听清了——而且，我已经反驳了你的逻辑。

逻辑学家：不可能的事。逻辑是不可能被反驳的。

学生：那我刚刚怎么就反驳了呢？

逻辑学家：你不是告诉过我你从来不喝酒？

学生：呃……是的，我猜我们最好换个聊天的话题。

251. 这一论证有效吗？

我在生活中见到过很多次看似有效实际上却无效的论证。最近，我却遇到一次看上去很荒谬（实际上，看起来像个笑话）但结果却有效的论证。

顺便说一句，我所说的有效的论证是指从前提条件自然得出结论的过程，而前提条件是否为真没那么重要。

下面是论证过程：

（1）每个人都害怕德古拉。

（2）德古拉只害怕我。

所以，我是德古拉。

这一论证听起来像不像个蠢笑话？哦，的确像，但它却是有效的：既然每个人都害怕德古拉，那么，德古拉就害怕德古拉。德古拉害怕德古拉，而且他除了我之外不怕别人，因此，我必定是德古拉！

有趣的地方是，这一论证看上去就像个笑话，但结果却是非常有效的！

十五、从悖论到真理

A. 悖论。

252. 普罗泰戈拉悖论。

有关希腊法律教师普罗泰戈拉的这一故事,也许是已知最早的悖论之一。普罗泰戈拉收了一名贫穷但很有天赋的学生,同意免学费教他,条件是学生完成学业后,等他赢得第一场官司时,他需要支付给普罗泰戈拉一定数额的款项作为学费。学生同意了这一条件。当学生完成了学业,但并没接任何案子。经过一段时间,普罗泰戈拉起诉了他的学生,要求支付一定数额的学费。以下是他们在法庭上的辩论过程。

学生:如果我赢得了这场官司,根据判决结果,我不需要支付学费。如果我输了这场官司,那么我就没有赢得第一场官司,根据合约,我不需要支付给普罗泰戈拉,直到我赢得第一场官司才给。所以,不论我是赢了或者输掉这场官司,我都不需要支付给他钱。

普罗泰戈拉:如果他输掉了官司,根据判决结果,就应该支付给我学费（毕竟，打官司就是争取的这个）；如果他赢了官司，他就赢得了第一场官司，所以他就应该付钱给我。两种情况下，他都应该付钱给我。

谁对呢？

讨论。我不敢说自己真的知道这一难题的答案。这道谜题（正如这本书的第一道有关我是否真的被愚弄的谜题）是全部悖论集合的经典体现。我所知的最好解决方法来自一位律师，我曾把这个故事讲述给他听。"法官应该判学生不需要支付学费，因为他还没有赢得第一场官司。等到这次案件了结以后，学生就的确欠普罗泰戈拉钱了，所以，普罗泰戈拉这时应该立即行动，再次起诉他的学生。这一次，法官应该判普罗泰戈拉胜诉，因为这时，学生已经赢得他的第一场官司了。"

253. 说谎者悖论。

所谓"说谎者悖论"或者"埃庇米尼得斯悖论"，实际上是整个"说谎者悖论"类型悖论集合的基石。（天啊，听上去有点绕，是不是？）最初版本的悖论，是关于一位来自克里特岛的名叫埃庇米尼得斯的故事，他说："所有克里特人都说谎。"

这种情况下，我们没有得到什么悖论，无异于我们从骑士和流氓岛上的一位居民说"岛上所有人都是流氓"得出这是悖论的结论。合理的推断是：（1）说话者是流氓；（2）岛上至少有一位骑士。同样的，上面这个埃庇米尼得斯版本能得出的结论是：埃庇米尼得斯是个说谎者，而克里特岛人至少有一人是说真话的。

现在，如果埃庇米尼得斯是唯一的克里特岛人呢，我们就的确得到了悖论，正如若是骑士和流氓岛上只有一人，而这人说了"岛上人全是流氓"（这就相当于说他自己是流氓，这是不可能的），我们同样会得到悖论。

这一类悖论的更好版本是：一个人说："我此刻没在说谎。"他说谎了，还是没有？

下面这一例子是我们可以将其归类为"说谎者悖论"的一种典型。认真考虑下面文本框中的陈述：

> 这句话为假。

这句陈述是真还是假？如果它为假，那么它就是真的；如果它为真，那么它就是假的。

稍后我们会讨论这种悖论的解决方法。

254. 双重版的说谎者悖论。

下面版本的说谎者悖论，首先是由英国数学家菲利普·爱德华·波特兰·乔戴因在 1913 年提出的。有时，它还被人们称为"乔戴因的纸牌悖论"。我们有这样一张纸牌，其中一面写着：

> （1）本纸牌的另一面所言为真。

然后，你将纸牌翻过来，在另一面写着：

> （2）本纸牌的另一面所言为假。

我们是这样得到悖论的：如果陈述（1）为真，那么陈述（2）就应该为真（因为陈述（1）说它为真），所以，陈述（1）为假（因为陈述（2）说它为假）；如果陈述（1）为假，那么陈述（2）为假，而根据陈述（2）的内容，陈述（1）不为假，应为真。于是，陈述（1）为真，当且仅当这句话是错的，这是不可能的。

255.

另外一版。

另外一版更广为人知的说谎者悖论，是写在同一张纸牌上的三句话：

> （1）此句有五字。
> （2）此句有八字。
> （3）此纸牌上只有一句话为真。

陈述（1）显然为真，而陈述（2）很明显为假。问题来自陈述（3）。如果陈述（3）为真，那么就有两句陈述为真——即陈述（3）与陈述（1）——这和陈述（3）的内容形成了矛盾，所以，陈述（3）只能是假的。从另一角度看，如果陈述（3）为假，那么陈述（1）就是唯一为真的陈述，也就意味着陈述（3）的内容是真的！这样一来，陈述（3）为真，当且仅当它是假的。

讨论。现在想想，这些悖论的推理过程出了什么问题？这个问题有些微妙，也很有争议。有些人（有意思的是，不是数学家，而是哲学家）将那些指向自身的句子认定为不合法，排除掉了。坦白地说，我认为这种观点简直是一派胡言。在一个指向自身的句子中，例如"此句有五字"意思非常清晰，表达十分明确，只需数数有几个字，你就能明白这句话是否为真。同样的，这样的句子"此句有六字"尽管是假的，但它表达的意思非常清晰——它说了：这个句子由六个字组成，尽管事实上不是这么回事。但不应该质疑这些句子本身。

另一方面，考虑一下这句话：

> 这句话为真。

现在，上面这句话并没有产生任何悖论，无论是假设这句话为真，还是这句话为假，都没有产生什么逻辑矛盾。不管怎样，这句话都没什么意义，理由如下：

我们的指导原则是：想要判定某一句子是真还是假，我们首先要理解这句话本身的含义。举个例子，用 X 代替"二加二等于四"这句话。在我理解 X 句为真的意义前，我首先必须理解 X 句中出现的每个字的含义，首先要知道 X 所说的意思是什么。就我们举的这个例子而言，我的确知道 X 句中每个字，而且，我也了解 X 句的意思就是：2+2=4。我知道二加二确实等于四，所以，我知道 X 句必定为真。但如果我事先不知道二加二等于四呢，我就不知道 X 句是否为真了。实际上确实如此，除非我首先知道二加二等于四的意义，否则我就不可能知道 X 句为真的意义。这表明我所言的：当我说一句子 X 为真时的意义，取决于 X 句自身的意义。如果 X 句有这种奇怪的特点——句子 X 的意义取决于 X 句的真实意义，这样我们就得到了真正的封闭死循环。

上面文本框中的句子就是这样的。在我知道这句话是否为真之前，我需要知道这句话本身的意义。但这句话本身是什么意思呢，这句话说了什么？只说：这句话为真，我甚至都不知道它所言的什么是真的。简言之，我不明白"这句话为真"的意思是什么（更别提这句话是真还是假了），除非我首先理解这句话的意思，而我无法理解这句话的意思，除非我要读懂这句话是否为真。因此，这句话没有传达出任何信息。用专业术语讲，拥有这种属性的句子证据不充分，没有良好基础。

说谎者悖论（以及很多衍变版本）都是利用了这种非良基句子（我用"非良基"来简称"没有良好基础的"）。在第 253 道谜题中，"这句话为假"就是非良基的。在第 254 道谜题中，纸牌两面的任何一句话都是非良基的。在第 255 道谜题中，前两个句子是良基的，但第三句就不是了。

顺便说一下，关于第 N 世鲍西娅的求婚者在推理过程中犯了什么错（请参看第五章鲍西娅的匣子部分内容），我们可以讨论得更多了。之前所有的鲍西娅只用良基的句子，但第 N 世鲍西娅巧妙地使用了非良基句子来混淆求婚者的思路。上一章的前几道论证题也出现了同样的错误。

256. 但这又是怎么回事？

我们回到鲍西娅匣子的故事。贝里尼和切里尼这两位手艺人,不仅仅制作匣子,还做标识牌。和匣子一样,当切里尼做标识牌的时候,他会刻上假话,而贝里尼做的标识牌,上面刻着真话。我们仍然假定在他们的年代,只有贝里尼和切里尼是制作标识牌的匠人(他们的子孙只做匣子,不做标识牌)。

你遇见下面这个标识牌:

> 这一标识牌由切里尼制作。

谁做的这个标识牌?如果是切里尼做的,那他就在上面写了真话——这是不可能的;如果是贝里尼做的,那么这句话就是假的——这同样也是不可能的。所以,是谁做的呢?

现在,你不能因为想摆脱这个问题,就说标识牌上面的陈述是非良基的!这句话确确实实是良基的,它陈述了历史性事实:标识牌是切里尼做的。如果它是切里尼做的,那么标识牌上的话为真;如果不是他做的,标识牌上的话为假。那么,到底如何解答呢?

答案当然是:我给你了相反的信息。如果你真遇到了前面这一标识牌,这意味着或者切里尼偶尔会在标识牌上写真话(与我告诉你的相反),或者另一位标识牌制作匠人有时会在上面写假话(仍与我之前所言相反)。所以,这不是真正的悖论,只是欺骗。

顺便问一句,你想出这本书叫什么名字了吗?

257. 绞刑还是溺刑?

在这道众所周知的谜题中,一个人因为犯罪被判了死刑,他可以说一句话。如果他所言为真,他就要被执行溺刑;如果所言为假,他就会被执行绞刑。他说什么话可以让行刑者困惑不知如何行刑?

258. 理发师悖论。

还有道非常出名的谜题。已知在某个不知名的小镇上有位理发师,他为镇上所有不自己刮胡子的人刮胡须,他从来不给那些自己刮胡子的人刮胡须。问题是,理发师是否会给自己刮胡子?如果他给自己刮胡子,那他就违反了规则,因为他为自己刮胡子的人刮胡须了;如果他不刮,那同样也违反了规则,因为他没能为不自己刮胡子的人刮胡须。所以,理发师到底该怎样做呢?

259. 这又是怎么回事?

骑士和流氓岛上的两位居民 A 和 B 做出如下陈述:

A:B 是流氓。

B:A 是骑士。

在你看来,A 是骑士还是流氓?你认为 B 又是什么人?

谜题 257、258、259 的解答。

257.

他只需说:"我想要被执行绞刑。"

258. _____

答案是，从理论上来说，不会存在这样一位理发师。

259. _____

你能说的也许是：作者又在说假话诓骗人！我形容的情景是不可能发生的。这就是乔戴因的双面纸牌悖论，只是言词修饰略有不同而已（请参看谜题 254）。

如果 A 是骑士，那么 B 就真的是流氓，得出的结论却是：A 不可能是骑士！如果 A 是流氓，那么 B 就不是真的流氓，他是骑士，而 B 骑士所言为真，这使得 A 必须是骑士。而 A 不可能同时是骑士又是流氓，所以，这是矛盾的。

B. 从悖论到真理。

曾有人将悖论比喻为"站在自己头顶的真理"。的确如此，很多悖论包含的思想经过一点点的修正，就能引领我们发现重要的新领域。下面三道谜题就很好地体现了这一观点。

260. 这个故事有什么问题？_____

克雷格探长曾经出访一个社区，并和当地居民——一位名叫麦克斯诺德的社会学家深入交谈。以下为麦克斯诺德教授向克雷格探长介绍的当地社会学状况：

"这一社区的居民成立了各式各样的俱乐部性质社团，居民可能会参与到一个以上的社团，每个社团都会以某位居民的名字命名；没有两个社团使用同一个名字，而每位居民都有一个社团名称是根据自己名字命名的；一个社团用某一人的名字命名时，此人不必是该社团成员；如果此人恰好是命名社团的成员，就称这人是'合群者'；如果一个人不在以自己名字命名的社团里，就称这人是'离群者'。有趣的事情是，社区里所有离群者组成了一个社团。"

克雷格探长沉思良久，猛然意识到麦克斯诺德一定不是专业素质良好的社会学家，他讲的事情根本就站不住脚。为什么呢？

解答。

这实际上是另一种语言包装下的理发师悖论。

假设麦克斯诺德所讲的故事为真，那么所有离群者组成的社团名字是该社团外一人的名字，这里暂且用杰克来表达。这样，我们就可以叫这一社团为"杰克社团"。现在，杰克可能是合群者，也可能是离群者，不论哪种情况，我们都只能得到矛盾：假设杰克是合群者，那么杰克属于杰克社团，但只有离群者组成的这个社团，所以这一假设不成立；另一方面，如果杰克是离群者，那么杰克就属于离群者的一员，这意味着杰克应属于杰克社团中的一员（该社团是所有离群者组成的），这使得杰克又变成了合群者。无论哪种情况，我们都只能得到矛盾的结论。

261. 社区中有隐蔽者吗？

克雷格探长曾探访另外一社区，同老朋友——名叫麦克斯诺夫的社会学家交谈。他们曾是牛津大学的同学，克雷格知道此人非常可靠理智。麦克斯诺夫对克雷格描述了这一社区的社会学状况：

"同其他社区一样，我们也有很多社团，每位居民都有一个社团以自己名字命名。不过，在这一社区，如果一个人是该社团的成员，他可以选择是秘密的或者公开的。任何没有公开承认在以自己名字命名的社团里的居民，被称之为'可疑者'；而那些已被别人知晓的秘密地在自己名字命名的社团里的居民，被称之为'隐蔽者'。现在，这一社区里有意思的事情是：这群可疑者组成了一个社团。"

克雷格探长思索了好一阵子。他发觉，与上一故事不同，这个故事逻辑顺畅，完全不矛盾。此外，这个故事还引出了另一件有趣的事——能够推断出社区里是否真的有隐蔽者。

有吗？

解答。

所有可疑者组成的社团名称来自一个人——这里暂且叫他约翰，这样，我们就叫这个社团为"约翰社团。"

现在，约翰本人或者是约翰社团的一员，或者不是。假设他不是，那他就不是可疑者（因为每个可疑者都是约翰社团的成员）。这意味着约翰是约翰社团的公开成员。所以，如果约翰不是约翰社团的成员，那么约翰是约翰社团的一员，这太荒谬了。因此，约翰必定是约翰社团的一员。而约翰社团里的成员都是可疑者，这样，约翰也必定是可疑者。如此一来可知，约翰不是约翰社团的公开成员，而他确实是其中一员，所以，他是秘密的成员——换句话说，约翰是隐蔽者。

我们能够回想起之前解决的谜题260，眼前这个问题就有了更简单的解决方法——即假设社区里没有隐蔽者，那么可疑者就和离群者没什么区别了，所有可疑者的集合就相当于所有离群者的集合，这意味着所有离群者组成了一个社团。但我们已经在谜题260中证实了：所有的离群者不能组成一个社团。所以，社区里没有隐蔽者这一假设会得出矛盾的结果，因此，社区里一定有隐蔽者（但在这一求证过程中，我们不知道隐蔽者是谁）。

这两种证明过程完美地展示了数学界的两种求解方法，术语分别似乎是"构造性证明"和"非构造性证明"。第二种证明过程是非构造性证明，指的是尽管证明出了不可能没有隐蔽者，但此证明过程也没有确切地揭示实际隐蔽者是谁。相比之下，第一种证明方法是所谓的"构造性证明"，通过实际揭示出存在着一位隐蔽者——即可疑者所组成的社团使用其名字命名的这人（在文中我们暂且称之为"约翰"）。

262. 宇宙问题。

有这样一方宇宙天地，在这里，每一居民集合组成一个社团。这方宇宙的登记官想要用每位居民的名字命名每个社团，同时，没有两个社团是采用同一居民的名字，每位居民都有一个社团是以自己名字命名的。

现在，如果这方宇宙中只有有限数量的居民，这一计划是不可能实现的（因为社团的数量会比居民数量多——举例来说，如果只有5位居民，那么就会有32个社团（包含空集在内）；如果有6位居民，那么就会有64个社团，总结来说，如果有n位居民，就将有2n个社团）。然而，这一奇特的宇宙恰好包含了无限数量的居民，所以，登记官觉得他的计划没有理由行不通。数万年来，他努力地想设计出这一方案，但至今也没能成功。这一失败是该归咎于登记官缺乏才智呢，还是他想做的事情本身就必然不可能做到？

解答。

他想做的事是不可能的。这一著名的事实是由数学家格奥尔格·康托尔发现的。假设登记官能够成功地用居民名字命名每个社团，同时没有两个社团使用同一名字。我们仍然用"离群者"称呼任何一位不在自己名字命名的社团内的居民，这方宇宙中的离群者集合自然能够组成从定义上来讲毫无破绽的社团，所以，我们就拥有了一个不可能社团——所有离群者的社团——同谜题260一样，这是不可能出现的（这一社团必定以某个人的名字命名，而这人不论是离群者，还是合群者，都会引出矛盾）。

263. 已列集合的问题。

有个形式上略为不同的同一问题；这里涉及的某些概念在下一章中还会出现。

某位数学家收藏有一本名为《集合大全》的书。书中每一页都描写着某一集合。我们用"数"来表示正整数1, 2, 3, ……

n，……，书中已经列出的任一集合，都称之为"已列集合"。此书的页码是依次连续的。

问题是：请描述出一个不在此书中任一页上列出的集合。

解答。

假设给出的任一数 n，如果数 n 恰好属于页码 n 上的集合内，我们就暂且将 n 称之为"超常数"；如果数 n 不属于页码 n 上的集合，我们称 n 为"平常数"。

平常数的集合不可能是已列集合，如果是的话，那么列出这一集合的页码既不可能是平常数，又不可能是超常数，因为这两种情况都会导致矛盾产生。

十六、哥德尔的发现

A. 哥德尔岛。

这部分内容的谜题都是描述数学家、逻辑学家库尔特·哥德尔的一条著名定理，本小节的最后部分会探讨这一定理。

264. 哥德尔岛。

有一座哥德尔小岛，岛上只住着永远说真话的骑士和单单说假话的流氓。此外，有些骑士被称为"公认骑士"（这些骑士是在某种程度上来说被证明过身份的），有些流氓被称为"公认流氓"。现在，这座岛上的居民组成了各种各样的社团。当地居民可以是一个以上的社团成员。已知任一居民 X 和社团 C，会有两种情况，X 承认他是 C 团中的一员，或者不承认自己是 C 团中的一员。

我们设定以下四条：E1、E2、C 和 G 是成立的。

E1：公认骑士的集合组成一社团。

E2：公认流氓的集合组成一社团。

C（互补性条件）：给定任一社团 C，岛上所有居民的集合中,不是 C 社团的其他人,组成了另一社团。(这一社团被称为 C 的补集,标记为 $\overline{C}$。)

G(哥德尔条件):给定任一社团 C,都会有至少一位岛上居民声称是 C 的成员。(当然他这么说可能是假的:他有可能是一位流氓。)

264a.

(仿哥德尔式谜题)

(ⅰ)证明岛上至少存在一位非公认骑士。

(ⅱ)证明岛上至少存在一位非公认流氓。

264b.

(仿塔尔斯基式谜题)

(ⅰ)岛上所有的流氓构成一个社团吗?

(ⅱ)岛上所有的骑士构成一个社团吗?

谜题 264a 的解答。

根据条件 E1,所有的公认骑士的集合 E 构成了一个社团。根据条件 C,集合 $\overline{E}$ 是岛上所有不是公认骑士的居民构成的社团。再根据条件 G,给定了社团 $\overline{E}$,便至少有一位岛上居民会承认自己是该社团成员——换句话说,他承认自己不是公认的骑士。

现在,流氓是不可能说自己不是公认的骑士这样的话(因为流氓不是公认的骑士,这是真的),所以,说话者必定是骑士。既然他是骑士，他所言为真，而他又不是公认的骑士。因此，说话者是位骑士，但不是公认骑士。

根据条件 E2，公认流氓的集合组成了一社团，所以（根据条件 G）一定有至少一位岛上居民会声称自己是公认流氓（他声称自己是公认流氓社团的一员）。这个人不可能是骑士（因为没有骑士会声称自己是任何类型的流氓），所以他是流氓。而他所言为假，因此，他并不是真正的公认流氓。这意味着他是位流氓，却不是公认流氓。

谜题 264b 的解答。

如果所有流氓集合构成了一个社团，那么至少一位当地人会声称自己是流氓，无论是骑士还是流氓都不可能这么说，因此，所有流氓的集合组成一个社团是不成立的。

如果所有骑士集合构成了一个社团，那么（根据条件 C）所有的流氓也能组成一个社团，因此，所有骑士也不能组成一个社团。

评论。

（1）谜题 264b 提供了谜题 264a 的另一条解题思路，尽管这种解法是非构造性的，但也许更简单些。

如果每位骑士都是公认的，骑士的集合就和公认骑士的集合相同，但这是不可能的，因为公认骑士的集合可以组成社团（根据条件 E1），但骑士的集合就无法组成社团（根据谜题 264b 的答案）。这样，所有骑士都是公认骑士的假设就引出了矛盾，所以，至少有一位非公认骑士。同理，如果每位流氓都是公认流氓，那么公认流氓的集合就与所有流氓的集合相同，这是不可能的，因为公认流氓的集合可构成一社团，但所有流氓的集合无法构成一社团。

与这次求证相比，前一种证明方法明确告诉我们了：任何说自己不是公认骑士的人，一定是非公认骑士；而任何声称自己是公认流氓的人，一定是非公认流氓。

（2）我们求证所有流氓的集合不构成一社团时，只用到了条件 G，条件 E1、E2 和 C 都没有用到。单单条件 G 就显示出所有流氓无法构成一社团。实际上，条件 G 就等同于"所有流氓无法构成一社团"这一陈述，因为假设所有流氓的集合不构成一社团，我们能够推导出条件 G，步骤如下：

给定任一社团 C。既然所有流氓的集合无法构成一社团，那么 C 就不是所有流氓的社团。所以，或者有骑士在 C 社团中，或者有流氓不在 C 社团中。如果有骑士在社团 C 中，那他一定会肯定地承认自己在 C 中（因为他说真话）。如果有流氓不在社团中，他却会声称自己在 C 社团里（因为他说假话）。在这种情况下，一定会有人声称自己在 C 社团中。

265. 哥德尔岛的总结。

现在，我们随意来看看某个有社团的骑士和流氓岛（所谓骑士和流氓岛，我们的意思当然是指岛上只生活着骑士和流氓），如果这座岛符合条件 G，即任一社团 C，会至少有一位居民声称自己是该社团成员，我们就称这座岛为哥德尔岛。

克雷格探长曾经探访一座有社团的骑士和流氓岛。克雷格探长（顺便说一句，他是一位非常有教养的绅士，他的理论兴趣与实干精神一样强烈）非常好奇自己是否身处哥德尔岛上。他找到了以下信息：

每个社团都以一位居民的名字命名，每位居民都对应一个以自己名字命名的社团；一位居民并不一定是以自身名字命名社团的成员，如果是，则称之为"合群者"；如果他不是该团体成员，则称之为"离群者"；如果一位居民 X 能够证实 Y 是合群者，就称 X 为 Y 的朋友。

克雷格并不知道自己是否在哥德尔岛上，直到他发现这座岛屿满足下面这一条件，我们暂且称之为"条件 H"。

H：对于任一社团 C，有另一社团 D，D 中的每位成员都至少有一位朋友在 C 社团，凡不是 D 社团的成员至少有一位朋友不在 C 社团内。

根据条件 H，克雷格探长能否推断出这里是哥德尔岛吗？

是吗？

解答。

是的，这里是哥德尔岛。任取一社团 C。我们令社团 D 就是满足 H 条件的社团。社团 D 是以某人——这里暂称约翰吧，以他的名字命名的。有两种情况，约翰是社团 D 的成员，或者不是 D 的成员。

假设他是。那么，他就有位朋友——暂称之为杰克吧——在社团 C 中，他能够证明约翰是合群的。既然约翰属于 D 社团，而约翰又是合群者，所以，杰克是骑士。这样，杰克是骑士，他属于社团 C，所以，杰克会承认他自己属于社团 C。

假设约翰不是社团 D 的成员。那么约翰有位朋友——暂称之为吉姆——不在社团 C 中，并且吉姆声称约翰是合群者。而约翰不是社团 D 的成员，约翰实际上就是离群者，所以，吉姆是流氓。吉姆是流氓，他不在社团 C 中，而吉姆会说假话，声称自己属于社团 C。因此，不论约翰是否属于社团 D，都有一位居民声称自己是社团 C 的成员。

评论。

结合谜题 264 和 265 的答案来看，我们能知道在任一满足条件 E1、E2、C 和 H 的岛屿上，必定岛上同时存在着非公认骑士和非公认流氓。这一结果正是哥德尔著名的不完备性定理的矫饰形式，这一定理我们将在本章的 C 小节中再次见到。

顺便说一句，如果你想试一下真正有难度的谜题刁难一下你的朋友们，不妨只给出岛屿问题的条件 E1、E2、C 和 H（不要提条件 G），然后问谜题 264。看看你的朋友是否能自己推导出条件 G，那会很有意思。

B. 双重哥德尔岛问题。

此小节中的谜题更具挑战性了，也许在读完 C 小节之后再来做这些题会比较好。

我们说"双重哥德尔岛"是指满足以下 GG 条件的有社团组织的骑士和流氓岛。

GG：已知有两个社团 C1 和 C2，有这样两位居民 A 和 B，A 声称 B 是 C1 社团成员，B 声称 A 是 C2 社团成员。

据我所知，条件 GG 不蕴含条件 G；条件 G 也不蕴含条件 GG；这两者似乎是相对独立的。而且（据我所知）一座双重哥德尔岛未必是哥德尔岛。

双重哥德尔岛问题是我喜欢的一类谜题。其中涉及的谜题与乔戴因的双面纸牌悖论（请参看前一章第 254 道谜题）之间的关系，与哥德尔岛和说谎者悖论之间的关系一样，都有着千丝万缕的关联。

266. 双重哥德尔岛 S。

曾经我有幸发现了一座双重哥德尔岛，它满足了哥德尔岛的条件 E1、E2 和 C。

（a）能否确定 S 岛上是否有非公认骑士？是否有非公认流氓呢？

（b）能否确定 S 岛上的骑士可以组成一社团吗？流氓的集合能组成一社团吗？

解 答。

让我们来先看看（b）部分的问题。如果岛上的骑士集合能够组成一社团，那么（根据条件 C）流氓集合也能组成一社团；如果流氓集合可以组成一社团，那么（根据条件 C）骑士集合也能组成一社团。所以，如果两者中任一能够组成社团，那么这两者都将能构成社团。假设这两者都可以组成社团，根据条件GG，他们必定有A和B居民可以做出如下陈述：

A：B是流氓。

B：A是骑士。

这是一种不可能出现的情况，正如我们在上一章谜题259的解答中所阐述的那样。结论是，骑士集合不能构成一社团，流氓集合也不能构成一社团。

至于（a）部分的问题，我们现在可以用两种方法解答：第一种更简单一些，因为我们已经解答了（b）部分的问题，但第二种方法更有建设性意义。

方法一：既然所有骑士的集合不能组成一社团，而公认骑士的集合可以组成一社团，两集合不相同，所以，不是所有的骑士都是公认骑士。同理可证流氓问题。

方法二：既然公认骑士的集合可以组成一社团，那么所有不是公认骑士的居民集合也能组成一社团。将这两社团暂时用C1和C2表示，（根据条件GG）我们就能知道，会有两位居民A和B做出如下陈述：

A：B是公认骑士。

B：A不是公认骑士。

这里将此问题留给读者自行证明：证明说话者A和B至少有一人是非公认骑士（更准确点来说，如果A是骑士，那么他是非公认骑士；如果A是流氓，那么B必定是非公认骑士）。有趣的是，尽管我们知道A和B两人间有一人必定是非公认骑士，但我们却不知道确切是谁（这种情况恰恰与谜题134——贝里尼和切里尼的双重匣子问题相仿，其中一只匣子必定是由贝里尼所造，但我们不知道是哪只）。

同样的，既然公认流氓的集合能够组成一社团，所以，所有居民里不是公认流氓的集合能组成一社团。因此，（根据条件GG）必定会有 A 和 B 两人这么说：

A：B 是公认的流氓。

B：A 不是公认的流氓。

从这里能够得出：如果 B 是流氓，那么他是非公认流氓；如果 B 是骑士，那么 A 就是非公认流氓（这道题我们也留给读者自行验证）。所以不论哪种情况下，或者 A 或者 B 是非公认流氓，但我们不知道具体是哪个人（这一问题真的与谜题135——贝里尼和切里尼的问题是一样的）。

267. S1 岛。

我曾发现另一座双重哥德尔岛 S1，它更能激起我的兴趣。这座岛满足条件 E1、E2，但不知道该岛是否满足条件 C（我们能记得条件 C 是指对于任一社团 C，不在 C 社团中的人的集合可以组成一个社团）。

似乎无法证明在岛 S1 存在着非公认骑士，也无法证明有非公认流氓。似乎也无法证明岛上骑士的集合不能组成一社团，也无法证明所有的流氓能构成一社团。不过，却能证明以下两点：

（a）证明岛上或者有非公认骑士，或者有非公认流氓。

（b）证明所有骑士组成一社团和所有流氓组成一社团不可能同时成立。

解答。

我们先来看看（b）部分。假设所有骑士组成一社团，同时所有流氓组成一社团，那么就会有居民 A 和 B，A 说 B 是流氓，而 B 说 A 是骑士，这种情况我们已经知道是不可能的（参看前一谜题，或者上一章的第 259 道谜题）。所以，所有骑士组成社团与所有流氓组成社团不能同时成立，也就是或者所有骑士不能组成社团，或者所有流氓不能组成社团。如果骑士不能组成社团，那么就必定有非公认骑士（因为公认的骑士组成了社团）；如果流氓不能组成社团，那么就必定有非公认流氓。但我们也不知道具体是哪种情况。这样也就证明了（a）部分。

另外一种证明或者有非公认骑士或者有非公认流氓的（更有趣）解题思路是：

既然公认的骑士组成了一社团，公认的流氓组成了一社团，那么就会存在两位居民 A 和 B 会如此说：

A：B 是公认的流氓。

B：A 是公认的骑士。

假设 A 是骑士，那么他所言为真，所以，B 是公认的流氓，而 B 所言为假，所以 A 不是公认的骑士。在这种情况下，A 是非公认的骑士。如果 A 是流氓，那么 B 的陈述为假，所以 B 是流氓。A 所言也为假，B 不是公认的流氓。在这种情况下，B 是非公认的流氓。

于是，或者 A 是非公认的骑士，或者 B 是非公认的流氓（但我们仍然不知道是哪种情况）。

这道谜题又和之前的双重匣子问题（第九章谜题 136）相

像了。在那道谜题里，我们知道其中一只匣子（但我们不知道是哪只）是由贝里尼或者切里尼所造（但我们也还是不知道确切是谁）。

268. 未解的问题。

我想出了一些有关哥德尔岛和双重哥德尔岛的问题，但我还没有去想怎么解答。我感觉留给读者亲自去尝试解决这些首创谜题的话，会有无穷乐趣。

268a.

我之前说"据我所知"，条件 G 和条件 GG 不蕴含彼此，你能证实我的猜想是正确的吗？（或者证明我的猜想是错的，但我认为此举不大可能成功。）想要证明这点，你需要设想一座岛屿，它符合条件 G，但不符合条件 GG；再设想一座岛屿，它符合条件 GG，但不符合条件 G。所谓"设想一座岛屿"，我的意思是具体说明岛上的居民，具体说明哪些人是骑士，哪些人是流氓，哪些人的集合能够构成社团，哪些人的集合无法构成社团。（哪些骑士是公认骑士，哪些流氓是公认流氓与这道题不相关。）

268b.

你能否证明（或者证明不是）我的猜想在岛 S_1 上未必有公认的骑士，未必公认的流氓（但当然，两者必须有其一）？要解决这一问题，你能否构造一座岛屿同时满足 E_1、E_2 和

GG条件，岛上的骑士没有非公认骑士？你能否构造一座岛屿，岛上有流氓却没有公认流氓？（这一次，你设想构造的岛屿上，不仅要具体说明骑士、流氓和社团，还要说明哪些骑士和哪些流氓是公认的。）

268C. _____

假设我们可以设想构造所有的岛屿（我十分肯定这是可行的，尽管我没有什么真凭实据），在上述谜题中的情况下，岛屿上生活的居民最少数量会是多少？你能否证明以上各种情况下，少于这一最少数目的话就不行？

C. 哥德尔定理

269. 这一系统完备吗？_____

某位逻辑学家收藏了一本名为《句子大全》的书。书中的页码是依次连续的，每一页都恰好有一句话写在上面。每一句话都只出现在一页上。已知任一句子X，这一句子被写的那页被称为"X的页码"。

书中的每个句子，当然是或为真或为假。有些为真的句子在逻辑学家看来是完全自明的，他把这些句子放入自己的逻辑系统定理中。这一系统还包含了某些推理规则，这些能够令逻辑学家从真理证明出某些句子为真，而有的句子则为假。逻辑学家非常自信他的系统在判别时一定是正确的：在检测某一句话时，这句话可验证，此句就为真；一句话无法通过系统的验证，那么此句就为假。但他不确定他的系统是完备的，即所有的真句子都会通过验证，而所有的假句子都不能通过验证。他的系统中，所有真句子都可证吗？他的系统中，所有假句子都不可证吗？这就是逻辑学家想要解决的问题。

逻辑学家还有第二本书，这本书名为《集合大全》。这本书的页码也是依次连续的，每一页上都描述了数的集合。（这里我们用"数"来指正整数 1，2，3，……n，……）书中出现的任一数集，我们都称之为已列集合。

已知数字 n，也许恰好出现在第 n 页的已列集合包含 n 这个数，如果这种情况属实，我们就称"n"为超常数。有数字 n 和 h，如果（《句子大全》）书中在页码 h 上有一句话肯定地说 n 为超常数，我们就称 h 为 n 的"伴数"。

我们给定以下四项条件成立：

E1：所有可证句子的页码集合是已列集和。

E2：所有不可证句子的页码集合是已列集合。

C：对于任何已列集合 A 来说，所有不在集合 A 中项组成的集合 $\overline{A}$ 是已列集合。

H：给定任一已列集合 A，有另一已列集合 B 满足以下条件：集合 B 中的每个数都是集合 A 的伴数，每个不在集合 B 中的数，都有一不在集合 A 中的伴数。

以上四个条件足够回答逻辑学家的问题了：系统中的每个真句子都可证吗？系统中的每个假句子都不可证吗？同样可以确定的是：所有真句子的页码集合是否是已列集合，所有假句子的页码集合是否是已列集和。

怎样得到答案呢?

解 答。

这不过是哥德尔岛谜题的另外矫饰形式而已。在我们现在这种情境设置下,上面有真句子的页码扮演了骑士的角色,那些假句子的页码则化为流氓,可证的句子是公认骑士,那些不可证的句子是公认流氓。已列集合扮演了社团的角色,列有某一页码数的集合扮演了以某一居民命名的社团,超常数则扮演了合群者,伴数的角色是朋友。

我们要解决现在的问题,首先要做的是证明类似条件 G 的事情,即:

条件 G:对于任一已列集合 A 来说,有一句子 X 为真当且仅当此句的页码出现在集合 A 中。

想要证明条件 G,任取一已列集合 A。令 B 是条件 H 下的另一集合,令 n 是出现 B 集合的页码数。根据条件 H,如果 n 在集合 B 中,那么在集合 A 中有一 n 的伴数 h;如果 n 不在集合 B 中,那么 n 在集合 A 外有一伴数 h。我们能肯定在页码 h 上的句子 X 就是我们要寻求的答案。

句子 X 说 n 是超常数——换句话说,n 存在于集合 B 中(因为 B 是页码 n 上的集合)。如果句子 X 为真,那么 n 的确存在于 B 集合中,于是,h 存在于集合 A 中。所以,如果句子 X 为真,那么页码数 h 存在于集合 A 中。假设句子 X 为假,那么 n 不在集合 B 中,而数 h 也不在集合 A 中。因此,句子 X 为真,当且仅当它的页码存在于集合 A 中。

我们证明出了条件 G，逻辑学家的问题现在也很好解答了：我们令集合 A 内所列数为全部可证句子的页码数，此集合为已列集合，于是，根据条件 C，集合 $\overline{A}$ 的所列项为不是可证句子的页码数，（根据条件 G）有一个句子 X 为真当且仅当 X 的页码数属于 $\overline{A}$ 集合。现在，若说 X 的页码数属于 A 集合就相当于说：X 的页码数不属于 $\overline{A}$ 集合，这也就相当于说：句子 X 不是可证的（因为集合 A 包含了所有可证句子的页码数）。这样，X 为真当且仅当 X 不可证。这意味着或者 X 为真不可证，或者 X 为假但可证。我们已知没有假句子能在此系统可证，所以，句子 X 必定为真，但在系统中不可证。

至于如何得出一个不是不可证的假句子，我们现在只需要令 A 集合是所有不可证句子页码数的集合。根据条件 G，我们能找到一个句子 Y 当且仅当此句的页码数为不可证句子的页码数——换句话说，句子 Y 为真当且仅当 Y 不可证。这意味着 Y 或者为真又可证，或者为假且不可证。第一种可能性是不存在的，因为没有不可证的句子是真的，所以，句子 Y 必定为假，但在系统内是不可证的。

其他几个问题，如果所有假句子的页码数可以组成一已列集合，那么将有一句子 Z 为真当且仅当它的页码是以假句子的页码——换言之，Z 为真当且仅当 Z 为假，这是不可能的。（这与"此句为假"这句话如出一辙。）所以，所有假句子的页码数的集合不是已列集合。根据条件 C，所有真句子的页码数组成的集合也不是已列集和。

270. 哥德尔定理。

以上谜题实际上是哥德尔著名的不完备性定理的一种形式。

在1931年，库尔特·哥德尔提出了一项令人震惊的发现：从一定意义上来讲，数学定理不可能完全被规范公示出来。他表明，对于大量的数学系统——满足非常合理条件的数学系统来说，一定存在着某些句子，这些句子尽管是真的，但却不能通过系统内公理的验证！所以，不论多么巧妙的构思，都不存在任何足以证明所有数学真理的规范公理系统。哥德尔起初用了著名的怀特黑德和罗素合著的《数学基本原理》系统来验证他的观点，但就像我之前所说，可以通过很多不同的系统证明这一定理。在所有这些系统中，都有一个良基的表达式，叫作句子，还有一套将所有句子分为真句和假句的划分办法。某些真句被拿到公理系统内，系统内明确的推导规则能够使得某些句子可证，而另一些不可证。除了句子外，系统里还包含各种（正整）数集的名称。系统内任何有名字的数集，我们称之为系统的可命名集合或可判定集合（这些集合就是上题中我们所说的已列集合）。现在，问题是确实能够做到将所有的句子都标序，然后将所有的可判定集合依照我们谜题中的条件 E1、E2、C 和 H 来排定次序（每个句子被分配到的序号，我们称之为"页码"，专业术语称为"哥德尔数"）。创建条件 C 和 H 的确是非常简单的事情，但要设立条件 E1 和 E2 却相当费时伤神，尽管从原理上来讲是相当基础的。不论如何，一旦四条件都成立，由这些条件就可以构思一个句子，这句话为真但不能在系统内可证。

我们想构思的这个句子，相当于在说这个句子自身不可证，这样的句子必定实际上为真，但是无法证明（正如在哥德尔岛上那人，他说自己不是公认骑士，但实际上，他一定是骑士，只不过不是公认骑士）。

也许有人会问下面这个问题：既然哥德尔的句子 X（它已说明自身不可证）已经知道是真的，那为什么不给系统多加一条定理呢？我们当然可以这样做，但是这样做的结果是得到扩大版的系统，满足了条件 E1、E2、C 和 H，依然有人可以设计出另外一句 X1，这句话为真但却不能在扩大版的系统中可证。这样，在扩大版的系统中，相比之前的系统，的确可以证明更多真句子，但仍然不能证明所有真句子。

我也许要说明一下，我对哥德尔定理的讲解与哥德尔最初版本有一定偏差——主要在于运用了真理的概念，哥德尔并没有运用这一概念。实际上，哥德尔定理的初始版本并不是说：有一个句子，它是真的，但不可证，而是说在某种合理假设的系统内，必定有句话（这是哥德尔的原话）在这个系统内既不是可证，也不是不可证。

严格提出真理概念的是哲学家阿尔弗雷德·塔尔斯基，正是他表明了：对于这些系统，真句的哥德尔数的集合在系统内是不可判定集合。有时这一定理又是这样阐述的："对于任何逻辑、形式充分的系统，描述该系统的语句之真值不能在系统内判定。"

271. 最后的话。

请考虑下面这条悖论：

> 此句永远不可证。

悖论是这样的：如果此句为假，那么它是假的，就真的无法验证，所以，是可以验证这句话内容为真的，这意味此句为真。所以，如果它是假的，我们就得到矛盾，因此，它必定为真。

现在，我们已经证明出了这句话为真。既然这句话为真，那么这句话所言就为事实，这意味着我们永远不能验证此句的真假。那我又如何证明它呢？

上面的推理过程出了什么问题？问题在于"可证"这一概念并没有很好的定义。这是被称之为"数理逻辑"的学科领域一项重要研究议题：将"证明"的概念精确化。然而，到现在谁也没能给出一个严格审慎的"证明"的概念，我们所说的可证，都是在给定的某一系统内。现在，假设我们有一系统——暂称之为系统S——在S系统内可证已经被明确定义了。仍然假设S系统是这样判定的：任何通过该系统可证的都是真的。现在，请考虑下面这句话：

> 此句在系统S内不可证。

现在，我们就没有见到什么悖论了，而是有趣的真实。这句真言之所以有趣，在于它是真句，但它在系统 S 内不可证。事实上，这句话是哥德尔 X 句子的粗略表达方式，我们可以看出它的自身不可证特性，尽管只是在某一给定的系统内，不是绝对意义上的不可证明。

对在 B 小节部分我分析的关于"双重哥德尔岛"条件，我还想多说几句。事实上，哥德尔结果使用的各种系统不仅仅适用于"哥德尔岛式"问题——对于任一可判定集合 A，有一句子为真当且仅当此句的哥德尔数在集合 A 中，这些系统我也许可以称之为"双重哥德尔式"问题。我的意思是，任给两集合 A 和 B，有两句话 X 和 Y，使得 X 为真当且仅当如果 X 句的哥德尔数在集合 B 内。以此（利用条件 E1、E2 和 C）我们能够构造出一对句子 X 和 Y，使得 X 称 Y 是可证的（这里我的意思是 X 为真，当且仅当 Y 可证），而 Y 称 X 不可证；两者之一（我们不知道确切是哪种）必定为真，但不可证。或者，我们可以设想出一对句子 X 和 Y，使得 X 称 Y 不可证，而 Y 称 X 不是不可证的——从这些可推理出二者至少有一项（我们不知道是哪项）必定为假，但不可证。或者（即使不用条件 C）我们仍然构造一对句子 X 和 Y，使得 X 称 Y 可证，同时 Y 称 X 不可证；其中之一（我们不知道是哪个）或者为真但不可证，或者为假但不是不可证（同样的，我们依然不知道是具体哪种情况）。

哦，还有一件事，我差点就忘了：这本书叫什么名字？哈哈，这本书的名字就是：《这本书叫什么名字？》

WHAT IS THE NAME OF THIS BOOK?: THE RIDDLE OF DRACULA AND OTHER LOGICAL PUZZLES by RAYMOND M. SMULLYAN
Copyright:© 1978 BY RAYMOND M. SMULLYAN
This edition arranged with COLLIER ASSOCIATES
through BIG APPLE AGENCY, LABUAN, MALAYSIA.
Simplified Chinese edition copyright:
2021 New Star Press Co., Ltd.
All rights reserved.

图书在版编目（CIP）数据

这本书叫什么名字？：德古拉之谜和其他逻辑谜题 /（美）雷蒙德·梅里尔·斯缪利安著；赵阳译 . -- 北京：新星出版社，2021.11
ISBN 978-7-5133-4687-0

Ⅰ . ①这… Ⅱ . ①雷… ②赵… Ⅲ . ①逻辑学 - 研究 Ⅳ . ① B81

中国版本图书馆 CIP 数据核字（2021）第 198596 号

这本书叫什么名字？：德古拉之谜和其他逻辑谜题

[美] 雷蒙德·梅里尔·斯缪利安 著；赵阳 译

责任编辑：高晓岩
责任校对：刘 义
责任印制：李珊珊
装帧设计：冷暖儿

出版发行：新星出版社
出 版 人：马汝军
社　　址：北京市西城区车公庄大街丙3号楼　　100044
网　　址：www.newstarpress.com
电　　话：010-88310888
传　　真：010-65270449
法律顾问：北京市岳成律师事务所

读者服务：010-88310811　　service@newstarpress.com
邮购地址：北京市西城区车公庄大街丙 3 号楼　　100044

印　　刷：北京美图印务有限公司
开　　本：880mm×1230mm　　1/32
印　　张：8.75
字　　数：113千字
版　　次：2021年11月第一版　　2021年11月第一次印刷
书　　号：ISBN 978-7-5133-4687-0
定　　价：48.00元

版权专有，侵权必究；如有质量问题，请与印刷厂联系调换。